MONIQUE DEHEINZELIN
DOUTORA EM EDUCAÇÃO PELA UNIVERSIDADE DE SÃO PAULO (USP).
PESQUISADORA, ESCRITORA E EDITORA, DEDICA-SE À EDUCAÇÃO INFANTIL.

PRISCILA MONTEIRO
MESTRE EM EDUCAÇÃO MATEMÁTICA PELA PONTIFÍCIA UNIVERSIDADE CATÓLICA (PUC–SP).
ASSESSORA PEDAGÓGICA DE ESCOLAS PARTICULARES E DE REDES PÚBLICAS DE ENSINO.

ANA FLÁVIA CASTANHO
MESTRE EM PSICOLOGIA ESCOLAR E DO DESENVOLVIMENTO HUMANO PELA
UNIVERSIDADE DE SÃO PAULO (USP).
ASSESSORA PEDAGÓGICA DE ESCOLAS PARTICULARES E DE REDES PÚBLICAS DE ENSINO.

BRINCAR COM A CRIANÇA

EDUCAÇÃO INFANTIL | PRÉ-ESCOLA I

VOLUME I

CRIANÇAS PEQUENAS DE 4 ANOS

CB006937

autêntica   1ª EDIÇÃO   BELO HORIZONTE | 2023

Copyright © 2023 Monique Deheinzelin, Priscila Monteiro, Ana Flávia Castanho

Todos os direitos reservados pela Autêntica Editora Ltda. Nenhuma parte desta publicação poderá ser reproduzida, seja por meios mecânicos, eletrônicos, seja via cópia xerográfica, sem a autorização prévia da Editora.

EDITORAS RESPONSÁVEIS
Rafaela Lamas
Rejane Dias

PESQUISA ICONOGRÁFICA
Ludymilla Borges

REVISÃO
Cecília Martins
Felipe Magalhães
Mariana Faria

PROJETO GRÁFICO E CAPA
Diogo Droschi

PROJETO GRÁFICO E DIAGRAMAÇÃO
Larissa Carvalho Mazzoni

Dados Internacionais de Catalogação na Publicação (CIP)
(Câmara Brasileira do Livro, SP, Brasil)

Deheinzelin, Monique
  Brincar com a criança : volume I : crianças pequenas de 4 anos / Monique Deheinzelin, Priscila Monteiro, Ana Flávia Castanho. -- 1. ed. -- Belo Horizonte : Autêntica, 2023. -- (Brincar com a criança ; I)

  ISBN: 978-65-88239-55-1

  1. Educação infantil 2. Educação pré-escolar I. Monteiro, Priscila. II. Castanho, Ana Flávia. III. Título. IV. Série.

20-43776   CDD-372.21

Índices para catálogo sistemático:
1. Educação infantil   372.21
Cibele Maria Dias - Bibliotecária - CRB-8/9427

AUTÊNTICA EDITORA LTDA
Belo Horizonte
Rua Carlos Turner, 420
Silveira . 31140-520
Belo Horizonte . MG
Tel.: (55 31) 3465 4500

São Paulo
Av. Paulista, 2.073 . Conjunto Nacional
Horsa I . Sala 309 . Bela Vista
01311-940 . São Paulo . SP
Tel.: (55 11) 3034 4468

www.autenticaeditora.com.br
SAC: atendimentoleitor@grupoautentica.com.br

Este livro foi composto com tipografia Houschka Rounded e impresso em papel Offset 90 g/m² na Formato Artes Gráficas.

APRESENTAÇÃO

MENINAS E MENINOS DE TODO O BRASIL,

ESTE É UM LIVRO PARA BRINCAR, DESENHAR, ESCREVER, CANTAR E OUVIR HISTÓRIA.

NO **SUMÁRIO**, VOCÊ VERÁ O TÍTULO E O NÚMERO DA PÁGINA ONDE COMEÇA CADA **UNIDADE**. E NO FIM DE TODAS AS UNIDADES HÁ UM **GLOSSÁRIO**, PARA VOCÊ APRENDER MAIS SOBRE O ASSUNTO ESTUDADO.

SABIA QUE A CORUJA FEZ GRRRRRR PARA O MANUEL E ELE NÃO ASSUSTOU? ELE NÃO LEVOU SUSTO COM A CORUJA NEM COM O LOBO-GUARÁ QUE ENCONTROU NA ESTRADA. LEIA A HISTÓRIA **NO SÍTIO ANTARES**, QUE COMEÇA NA PÁGINA **49** DA **UNIDADE 1 – LIVRO DA FLORA**.

NÃO VAI DAR PARA TROCAR FIGURINHAS. SABE POR QUÊ? TODO MUNDO RECEBE AS MESMAS FIGURINHAS PARA FAZER O SEU ÁLBUM, QUE COMEÇA NA PÁGINA **70** DA **UNIDADE 2 – EU E VOCÊ**. AS FIGURINHAS PARA RECORTAR ESTÃO NOS **ANEXOS**, DEPOIS DA PÁGINA **156**.

NA **UNIDADE 3 – BRINCADEIRAS** VAI DAR PARA CANTAR COM SEUS AVÓS A MÚSICA DO **JACARÉ BOIÔ** E DESENHAR O SEU **JACARÉ** NA PÁGINA **107**. O JOGO **OS PASSARINHOS** ESTÁ NA PÁGINA **133** E PRECISA DE 4 JOGADORES. O **JOGO DO MATINTIM** ESTÁ ANTES, NA PÁGINA **128**.

QUANDO VOCÊ SE DEITAR NO CHÃO PARA OLHAR A LUA E CONTAR AS ESTRELAS, VAI SABER QUE ESTÁ NO PLANETA TERRA. GIRAR NO GIRA-GIRA, JOGAR BOLA, FAZER UMA BOLA DE ARGILA, TUDO ISSO ESTÁ NA **UNIDADE 4 – SISTEMA SOLAR**, QUE COMEÇA NAS PÁGINAS **136** E **137**.

COM ESTE LIVRO, VOCÊ VAI APRENDER QUE AS PALAVRAS ESCRITAS COM LETRAS TÊM SOM. E OS NÚMEROS DIZEM, ENTRE OUTRAS COISAS, HÁ QUANTO TEMPO O LOBO-GUARÁ VIVE NO CERRADO.

QUE ESTE ANO COM O SEU LIVRO SEJA MUITO BOM PARA VOCÊ!

AS AUTORAS

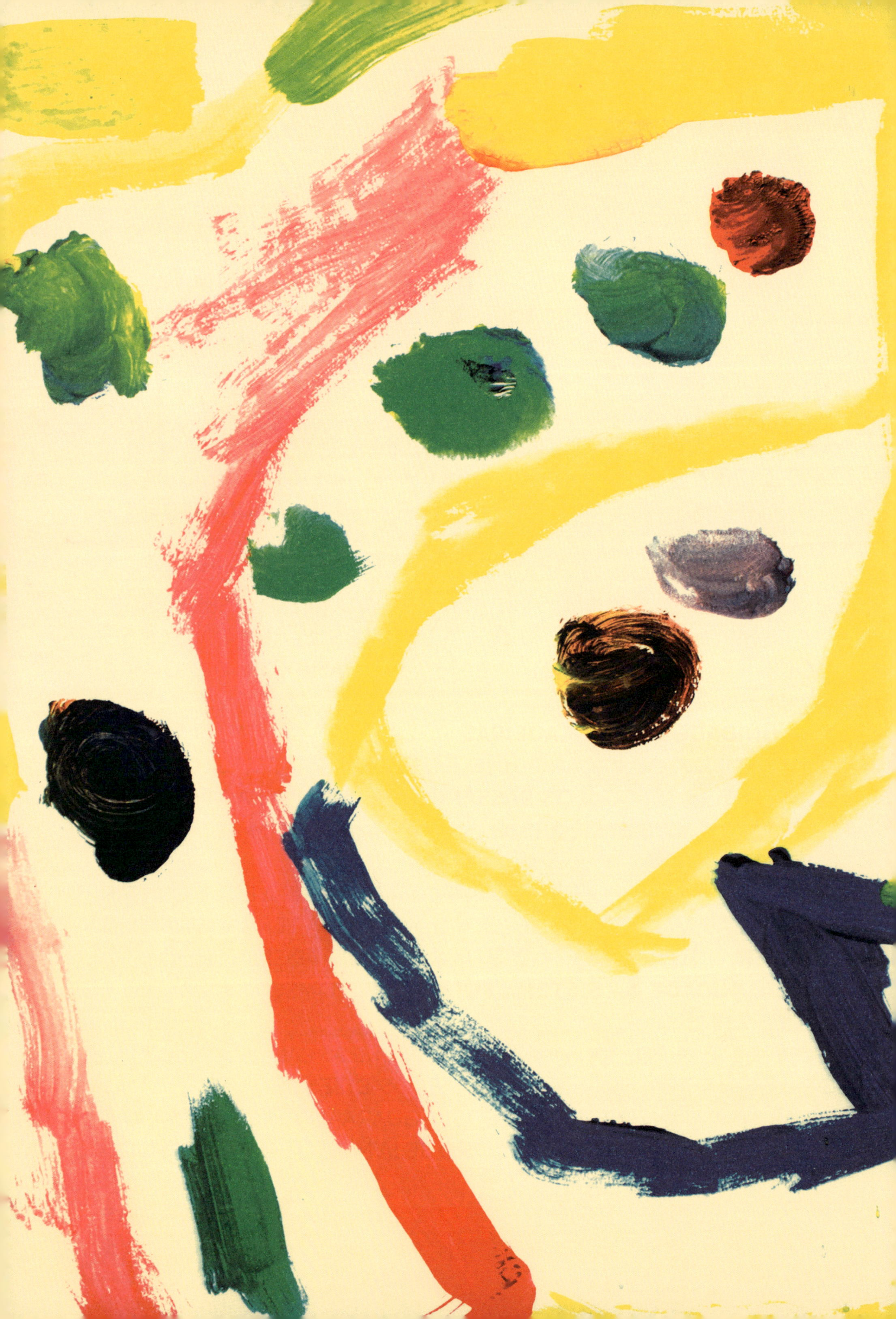

SUMÁRIO

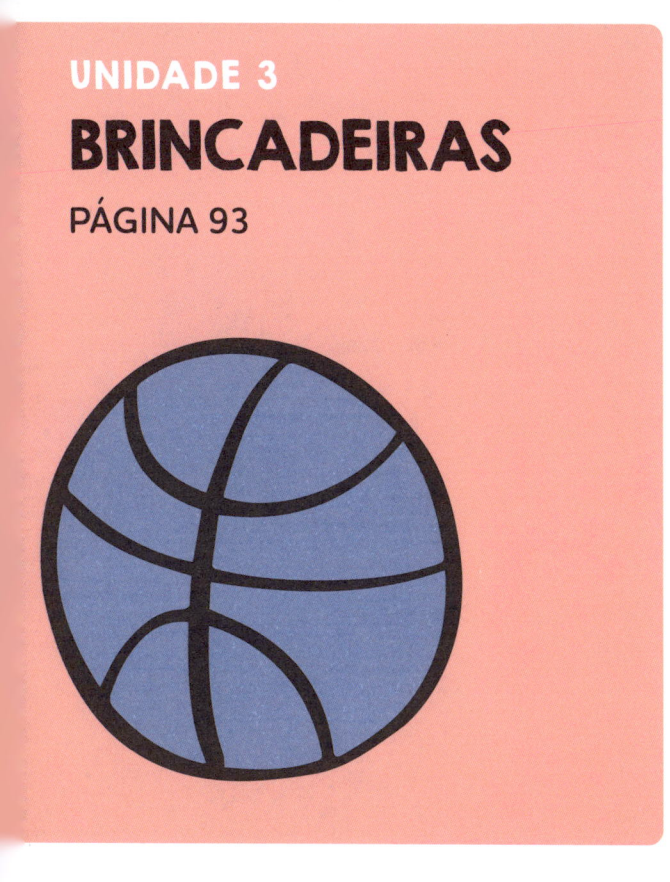

UNIDADE 1
LIVRO DA FLORA
PÁGINA 7

UNIDADE 2
EU E VOCÊ
PÁGINA 57

UNIDADE 3
BRINCADEIRAS
PÁGINA 93

UNIDADE 4
SISTEMA SOLAR
PÁGINA 137

ANEXOS
PÁGINA 156

PÁGINA **SEIS**

UNIDADE 1

LIVRO DA FLORA

SUMÁRIO

ARAUCÁRIA ----- p. 10
BURITI ----- p. 11
CACAU ----- p. 12
DURINHO ----- p. 13
EMBAÚBA ----- p. 14
FAVEIRA ----- p. 15
GUAPURUVU ----- p. 16
HORTELÃ ----- p. 17
IPÊ ----- p. 18
JABUTICABEIRA ----- p. 19
LOBEIRA ----- p. 20
MANDACARU ----- p. 21
NESPEREIRA ----- p. 22
ORQUÍDEA ----- p. 23
PAINEIRA ----- p. 24
QUARESMEIRA ----- p. 25
ROMÃZEIRA ----- p. 26
SUMAÚMA ----- p. 27
TIBORNA ----- p. 28
UMBUZEIRO ----- p. 29
VASSOURINHA ----- p. 30
XAXIM ----- p. 31
ZIMBRO ----- p. 32

VAMOS COLOCAR EM SEU LIVRO DA FLORA OUTRAS ÁRVORES E PLANTINHAS PERTO DE VOCÊ? É BOM TER PAPEL E LÁPIS PRETO DE PONTA BEM MOLINHA. PEGAR NO CHÃO SEMENTES, FOLHAS, FLORES E COLOCAR NA SUA FRENTE PARA OLHAR E DESENHAR. EM SEUS PASSEIOS PELA MATA, NO QUINTAL, NA HORTA OU EM PRAÇAS, OLHE PARA AS ÁRVORES, DESDE A COPA NO CÉU ATÉ A RAIZ NO CHÃO, E DESENHE BASTANTE.

EXTRA! EXTRA! EXTRA!

A LOBEIRA E O LOBO-GUARÁ NO CERRADO BRASILEIRO
p. 33

LOBEIRA
p. 34

LOBO-GUARÁ
p. 36

NO SÍTIO ANTARES
p. 49

ARAUCÁRIA
ARAUCARIA ANGUSTIFOLIA

TAMBÉM CONHECIDA COMO PINHEIRO-BRASILEIRO, A ARAUCÁRIA PODE VIVER CERCA DE 200 ANOS E ATINGIR UMA ALTURA DE ATÉ 50 METROS. ELA PARECE UMA GRANDE TAÇA: SEU TRONCO É RETO E HÁ GALHOS APENAS NO TOPO. SUAS FOLHAS SÃO DURAS E PONTIAGUDAS, E FICAM PRESAS À ÁRVORE POR MUITOS ANOS. SUAS FLORES SÃO CONHECIDAS COMO PINHAS, E AS SEMENTES SÃO OS FAMOSOS PINHÕES. É ENCONTRADA EM SÃO PAULO, NO PARANÁ, EM SANTA CATARINA, NO SUL DE MINAS GERAIS E NO NORTE DO RIO GRANDE DO SUL.

ARAUCÁRIA É UM NOME QUE COMEÇA COM A **LETRA A**.

VEJA OUTRAS FORMAS DE ESCREVER A **LETRA A**:

A a A a

BURITI
MAURITIA FLEXUOSA

O BURITI É A MAIS ALTA DAS PALMEIRAS BRASILEIRAS, ATINGINDO ATÉ 35 METROS. GOSTA DE TERRENOS COM MUITA ÁGUA E POSSUI FOLHAS GRANDES DISPOSTAS EM LEQUE. AS FLORES, AMARELAS, SÃO REUNIDAS EM LONGOS CACHOS. O FRUTO É UM COQUINHO REVESTIDO POR ESCAMAS MARRONS BRILHANTES. SUA POLPA É CONSUMIDA NA FORMA DE DOCES, SORVETES OU SUCOS, E A AMÊNDOA QUE FICA DENTRO DA SEMENTE É COMESTÍVEL.

BURITI É UM NOME QUE COMEÇA COM A **LETRA B**.

VEJA OUTRAS FORMAS DE ESCREVER A **LETRA B**:

B b B b

CACAU
THEOBROMA CACAO

CACAU É ORIGINAL DAS FLORESTAS TROPICAIS, COMO A FLORESTA AMAZÔNICA. É MUITO CULTIVADO NA BAHIA. ELE TEM APROXIMADAMENTE 8 METROS DE ALTURA E GOSTA DE SOMBRA, POR ISSO CRESCE NA FLORESTA ENTRE OUTRAS ÁRVORES MAIS ALTAS. OS FRUTOS CRESCEM AGARRADOS AO TRONCO, SÃO OVAIS, GRANDES, E PODEM TER MUITAS CORES: PRIMEIRO BRANCO, VERDE OU AMARELO, E, QUANDO MADURO, VERMELHO E ATÉ ROXO. A PARTIR DE SUA SEMENTE, É PRODUZIDO O MUNDIALMENTE FAMOSO CHOCOLATE!

CACAU É UM NOME QUE COMEÇA COM A **LETRA C**.

VEJA OUTRAS FORMAS DE ESCREVER A **LETRA C**:

C c C c

DURINHO
DIALIUM GUIANENSE

O DURINHO É CONHECIDO POR VÁRIOS NOMES: QUEBRA-MACHADO, PAU-FERRO, BEIJO-DE-COCO, ROXINHO, JITAÍ, JATAIPEVA, AZEDINHA... ELE CRESCE BEM DEVAGARZINHO E GOSTA DE SOMBRA E DE LUGARES ÚMIDOS, COMO A AMAZÔNIA E A MATA ATLÂNTICA. PODE CHEGAR A 30 METROS DE ALTURA E TEM UMA MADEIRA BEM DURA. SEUS FRUTOS SÃO COMESTÍVEIS E SE PARECEM COM PEQUENAS BOLINHAS MARRONS, REUNIDAS COMO EM UM CACHO.

DURINHO É UM NOME QUE COMEÇA COM A **LETRA D**.

VEJA OUTRAS FORMAS DE ESCREVER A **LETRA D**:

D d D d

PÁGINA **TREZE**

EMBAÚBA
CECROPIA PACHYSTACHYA TRÉCUL

NATIVA DA MATA ATLÂNTICA, ELA É ENCONTRADA EM QUASE TODO O BRASIL, EM REGIÕES DE CLIMA QUENTE E ÚMIDO. SUA ALTURA MÁXIMA É DE 7 METROS, E SUAS FOLHAS SE PARECEM COM MÃOS ESPALMADAS, COM 7 A 10 "DEDOS", SUSTENTADAS POR UMA HASTE FELPUDA. UM LADO DA FOLHA É ÁSPERO, E O OUTRO É MACIO. AS FOLHAS DA EMBAÚBA SÃO O PRINCIPAL ALIMENTO DO BICHO-PREGUIÇA, E SEUS FRUTOS, CARNUDOS E DOCES, SÃO MUITO APRECIADOS POR MORCEGOS E PÁSSAROS COMO O TUCANO, QUE DEPOIS DE COMER O FRUTO ESPALHA AS SEMENTES POR TODOS OS CANTOS.

EMBAÚBA É UM NOME QUE COMEÇA COM A **LETRA E**.

VEJA OUTRAS FORMAS DE ESCREVER A **LETRA E**:

E e Ɛ ɞ

PÁGINA **QUATORZE**

FAVEIRA
DIMORPHANDRA MOLLIS

A FAVEIRA, OU FAVA D'ANTA, É UMA ÁRVORE DE CAULE RETORCIDO QUE PODE TER ATÉ 20 METROS DE ALTURA. COMUM NO CERRADO BRASILEIRO, ELA TEM FLORES PEQUENAS DE COR AMARELO-CLARA QUE FORMAM PEQUENAS ESPIGAS, AS QUAIS CRESCEM TODAS JUNTINHAS COMO SE FOSSEM UM CANDELABRO. O FRUTO É UM LEGUME ACHATADO E VERDE QUE VAI AMARELANDO LENTAMENTE E FICA MARROM-ESCURO QUANDO ESTÁ MADURO. ADOCICADOS E BEM CHEIROSOS, OS FRUTOS SÃO CONSUMIDOS POR VÁRIOS ANIMAIS: ARARA, TUCANO, VEADO, ROEDORES E INSETOS, ALÉM DA ANTA.

FAVEIRA É UM NOME QUE COMEÇA COM A **LETRA F**.

VEJA OUTRAS FORMAS DE ESCREVER A **LETRA F**:

F f *F f*

PÁGINA **QUINZE**

GUAPURUVU
SCHIZOLOBIUM PARAHYBA

ESTA ÁRVORE É SÍMBOLO DE FLORIANÓPOLIS, CAPITAL DE SANTA CATARINA. SEU NOME VEM DO TUPI-GUARANI E SIGNIFICA "TRONCO DE FAZER CANOA". AS FOLHAS SÃO BEM MIÚDAS E CAEM NO INVERNO. AS FLORES TÊM FORMA DE CACHOS, SÃO AMARELAS E MUITO VISTOSAS. OS FRUTOS SÃO VAGENS SECAS, EM FORMA DE GOTA D'ÁGUA, E TÊM SÓ UMA SEMENTE DURA. PODE CHEGAR A 30 METROS DE ALTURA E CRESCE MUITO RÁPIDO: ATÉ 3 METROS POR ANO! O JOÃO-DE-BARRO GOSTA DE FAZER O NINHO NOS GALHOS DO GUAPURUVU.

GUAPURUVU É UM NOME QUE COMEÇA COM A **LETRA G**.
VEJA OUTRAS FORMAS DE ESCREVER A **LETRA G**:

G g G g

PÁGINA **DEZESSEIS**

HORTELÃ
MENTHA SPICATA

VOCÊ JÁ OUVIU A FRASE "TOMA UM CHAZINHO DE HORTELÃ QUE PASSA"? A HORTELÃ É UMA PLANTA ORIGINÁRIA DA EUROPA CENTRAL E DO ORIENTE MÉDIO QUE SE ESPALHOU PELO MUNDO TODO. REFRESCANTE, ELA É USADA DESDE A ANTIGUIDADE, HÁ MUITOS MILHARES DE ANOS, COMO TEMPERO E NO PREPARO DE CHÁS E SUCOS. TAMBÉM TEM PROPRIEDADES MEDICINAIS, UMA DELAS É ALIVIAR DOR DE BARRIGA. TEM UM CHEIRO BOM. AS PLANTINHAS PODEM TER ATÉ 70 CENTÍMETROS, SUAS FOLHAS SÃO LIGEIRAMENTE AVELUDADAS E SUAS FLORES SÃO BRANCAS OU LILASES.

HORTELÃ É UM NOME QUE COMEÇA COM A **LETRA H**.

VEJA OUTRAS FORMAS DE ESCREVER A **LETRA H**:

H h *H h*

IPÊ
TABEBUIA IMPETIGINOSA / SERRATIFOLIA / ROSEO-ALBA

HÁ VÁRIAS ESPÉCIES DE IPÊ ESPALHADAS PELO BRASIL E PELA AMÉRICA DO SUL, E CADA UMA SE DIFERENCIA PELA COR DE SUAS FLORES: IPÊ-AMARELO, IPÊ-ROXO, IPÊ-BRANCO. NO INVERNO, ELE PERDE TODAS AS FOLHAS PARA AS FLORES NASCEREM, EM CACHOS, POR TODA A COPA. DEPENDENDO DA ESPÉCIE, PODE CRESCER ATÉ 30 METROS DE ALTURA. O NOME "IPÊ" TEM ORIGEM TUPI E SIGNIFICA "ÁRVORE CASCUDA".

IPÊ É UM NOME QUE COMEÇA COM A **LETRA I**.
VEJA OUTRAS FORMAS DE ESCREVER A **LETRA I**:

I i *I* *i*

PÁGINA **DEZOITO**

JABUTICABEIRA
EUGENIA AYACUCHAE STEYERM

PRESENTE NA MATA ATLÂNTICA, A JABUTICABEIRA APARECE COM FREQUÊNCIA EM POMARES NOS QUINTAIS DE CASAS DO PAÍS. DE GRANDE LONGEVIDADE, PODE CHEGAR A ATÉ 15 METROS DE ALTURA. SUAS PEQUENINAS FLORES BRANCAS E PERFUMADAS CRESCEM GRUDADINHAS POR TODA A SUPERFÍCIE DOS GALHOS E DO TRONCO. COMO SEUS FRUTOS SÃO: REDONDOS, LISOS E BRILHANTES, SE PARECEM COM BOLINHAS DE GUDE DA COR PRETA. TODO MUNDO GOSTA DA JABUTICABA: OS INSETOS, AS AVES E NÓS!

JABUTICABEIRA É UM NOME QUE COMEÇA COM A **LETRA J**.

VEJA OUTRAS FORMAS DE ESCREVER A **LETRA J**:

J j $\mathcal{J}$ $\mathcal{j}$

LOBEIRA
SOLANUM LYCOCARPUM

A LOBEIRA É UMA ÁRVORE PEQUENA E ESPINHENTA. TEM ENTRE 2 E 5 METROS DE ALTURA E OCORRE ESPECIALMENTE NOS CERRADOS. SUAS FOLHAS TÊM CONSISTÊNCIA DE PAPEL E SÃO COBERTAS POR UMA PENUGEM PRATEADA. O FRUTO É REDONDO E VERDE, UM POUCO MAIOR QUE A MAÇÃ, COM A POLPA BRANCA CARNUDA. A LOBEIRA TEM ESSE NOME POIS SEU FRUTO É O ALIMENTO FAVORITO DO LOBO-GUARÁ, ANIMAL PRESENTE NO CERRADO. O FRUTO TAMBÉM SERVE DE ALIMENTO PARA MORCEGOS E OUTROS ANIMAIS SILVESTRES, E PARA NÓS, NA FORMA DE DOCES E GELEIAS.

LOBEIRA É UM NOME QUE COMEÇA COM A **LETRA L**.
VEJA OUTRAS FORMAS DE ESCREVER A **LETRA L**:

L l L l

PÁGINA **VINTE**

MANDACARU
CEREUS JAMACARU

O MANDACARU É UM CACTO NATIVO DO SEMIÁRIDO BRASILEIRO, E SOBREVIVE ÀS SECAS DEVIDO À SUA GRANDE CAPACIDADE DE CAPTAÇÃO E RETENÇÃO DE ÁGUA. PODE CHEGAR A ATÉ 6 METROS E TEM MUITOS ESPINHOS, QUE SÃO BEM COMPRIDOS. SUAS FLORES BRANCAS DESABROCHAM À NOITE, FECHANDO AO NASCER DO SOL. O FRUTO TEM COR ROSA BEM FORTE E POLPA BRANCA, COM SEMENTES PRETAS MINÚSCULAS. SERVEM DE ALIMENTO PARA INSETOS E AVES DA CAATINGA, ASSIM COMO PARA NÓS, HUMANOS. QUANDO O MANDACARU FLORA NA SECA É SINAL DE QUE A CHUVA ESTÁ CHEGANDO NO SERTÃO.

MANDACARU É UM NOME QUE COMEÇA COM A **LETRA M**.

VEJA OUTRAS FORMAS DE ESCREVER A **LETRA M**:

M m 𝓜 𝓂

NESPEREIRA
ERIOBOTRYA JAPONICA

É UMA ÁRVORE PEQUENA, COM CERCA DE 4 METROS DE ALTURA, COPA ARREDONDADA, FOLHAS DE BORDA LEVEMENTE SERRILHADA E FLORES BRANCAS. SEU FRUTO, A NÊSPERA (TAMBÉM CONHECIDO COMO AMEIXA-AMARELA), TEM FORMATO OVAL, CASCA AVELUDADA E COR AMARELO-ALARANJADA. ORIGINÁRIA DA CHINA, A NESPEREIRA SE ESPALHOU PELO MUNDO POR CAUSA DO FAMOSO SABOR EXÓTICO DA NÊSPERA, DOCE E PICANTE AO MESMO TEMPO. ELA SE ADAPTOU BASTANTE AO BRASIL.

NESPEREIRA É UM NOME QUE COMEÇA COM A **LETRA N**.
VEJA OUTRAS FORMAS DE ESCREVER A **LETRA N**:

N n Ꞑ ɳ

ORQUÍDEA
FAMÍLIA ORCHIDACEAE

AS ORQUÍDEAS FAZEM PARTE DA MAIOR FAMÍLIA DE PLANTAS COM FLORES, TENDO MAIS DE 25.000 ESPÉCIES EM TODO O PLANETA TERRA. ELAS SÃO BEM CONHECIDAS POR SUAS LINDAS FLORES, QUE PODEM SER MUITO DIFERENTES EM TAMANHO, COR, TEXTURA E PERFUME: UMAS SÃO MINÚSCULAS E OUTRAS PODEM CHEGAR A 75 CENTÍMETROS; UMAS SÃO CHEIROSAS E OUTRAS MUITO FEDIDAS. PODEM CRESCER NO SOLO, MAS PREFEREM ESTAR ABRAÇADAS AOS TRONCOS DAS ÁRVORES: SEJA PORQUE GOSTAM DE MUITA LUZ E SOBEM ATÉ MUITO ALTO, SEJA PORQUE GOSTAM DA SOMBRA DA COPA.

ORQUÍDEA É UM NOME QUE COMEÇA COM A **LETRA O**.
VEJA OUTRAS FORMAS DE ESCREVER A **LETRA O**:

O o O ℴ

PAINEIRA
CEIBA SPECIOSA

A PAINEIRA ESTÁ PRESENTE NO SUDESTE, NO CENTRO-OESTE E NA BAHIA. ELA PODE TER ATÉ 30 METROS, E SEU TRONCO TEM UMA CASCA RUGOSA, COBERTA DE ESPINHOS EM FORMA DE PIRÂMIDE. NAS REGIÕES MAIS SECAS, A BASE DO TRONCO SE ALARGA PARA ARMAZENAR ÁGUA, E POR ISSO ELA TAMBÉM GANHOU O NOME DE BARRIGUDA. A PAINEIRA É CHEIA DE FLORES GRANDES, GERALMENTE ROSAS OU LILASES, E PARECEM FEITAS DE VELUDO. OS FRUTOS, QUANDO ESTÃO MADUROS, SE ABREM, LIBERANDO AS SEMENTES ENVOLTAS NA PAINA, UMA FIBRA BRANCA E MACIA.

PAINEIRA É UM NOME QUE COMEÇA COM A **LETRA P**.

VEJA OUTRAS FORMAS DE ESCREVER A **LETRA P**:

P p P p

QUARESMEIRA
TIBOUCHINA GRANULOSA

A QUARESMEIRA GANHOU ESSE NOME PORQUE FLORESCE NA ÉPOCA DA QUARESMA: ENTRE O CARNAVAL E A PÁSCOA. ELA É UMA ÁRVORE DA MATA ATLÂNTICA, QUE TEM ATÉ 12 METROS E PODE SER VISTA TAMBÉM NAS RUAS DAS CIDADES BRASILEIRAS. A QUARESMEIRA TEM BELAS FLORES QUE PODEM SER ROSADAS, LILASES OU ROXINHAS. É LINDO VER A QUARESMEIRA FLORIR NO MEIO DA MATA.

QUARESMEIRA É UM NOME QUE COMEÇA COM A **LETRA Q**.
VEJA OUTRAS FORMAS DE ESCREVER A **LETRA Q**:

Q q *Q* *q*

PÁGINA **VINTE E CINCO**

ROMÃZEIRA
PUNICA GRANATUM

A ROMÃZEIRA É CULTIVADA HÁ MILHARES DE ANOS. ELA GOSTA DE LUGARES COM CLIMA QUENTE E SECO. PEQUENINA, ATINGE ATÉ 5 METROS, TEM O TRONCO ACINZENTADO, E SUAS FLORES NASCEM NA PONTA DOS GALHOS. O FRUTO, A ROMÃ, É BEM REDONDO, COM UMA "COROA" EM SUA BASE, TEM CASCA GROSSA DE COR VERMELHO-AMARELADA E SEMENTINHAS ENVOLTAS EM UMA POLPA COR-DE-ROSA DE SABOR AGRIDOCE. POR TRAZER CENTENAS DE SEMENTES EM CADA FRUTO, A ROMÃ É CONSIDERADA UMA FRUTA QUE TRAZ PROSPERIDADE.

ROMÃ É UM NOME QUE COMEÇA COM A **LETRA R**.

VEJA OUTRAS FORMAS DE ESCREVER A **LETRA R**:

R r R r

SUMAÚMA
CEIBA PENTANDRA

ÁRVORE FRONDOSA, TIPICAMENTE AMAZÔNICA, PODE CHEGAR A 60 METROS DE ALTURA, SENDO A MAIOR ÁRVORE DA FLORESTA TROPICAL E UMA DAS MAIORES DO MUNDO. É TAMBÉM CONHECIDA COMO SAMAUMEIRA, ÁRVORE DA VIDA OU ESCADA DO CÉU. É CONSIDERADA A MÃE DE TODAS AS ÁRVORES PELOS POVOS DA FLORESTA. SUAS RAÍZES SÃO CHAMADAS DE SAPOPEMBA E SÃO USADAS NA COMUNICAÇÃO PELA FLORESTA, QUE É FEITA POR MEIO DE BATIDAS. SUAS SEMENTES SÃO ENVOLVIDAS POR UMA FIBRA CHAMADA PAINA, QUE SE PARECE COM UM ALGODÃOZINHO.

SUMAÚMA É UM NOME QUE COMEÇA COM A **LETRA S**.

VEJA OUTRAS FORMAS DE ESCREVER A **LETRA S**:

S s 𝒮 𝓈

TIBORNA
HIMATANTHUS DRASTICUS

CHAMADA TAMBÉM DE JANAÚBA, PODE SER ENCONTRADA EM DIVERSAS REGIÕES DO BRASIL. CHEGANDO A ATÉ 3 METROS DE ALTURA, TEM FOLHAS BEM GRANDES E FLORES DELICADAS MUITO PERFUMADAS QUE PODEM SER ROSA OU BRANCAS. PRODUZ UMA SEIVA LEITOSA.

TIBORNA É UM NOME QUE COMEÇA COM A **LETRA T**.

VEJA OUTRAS FORMAS DE ESCREVER A **LETRA T**:

T t 𝒯 𝓉

PÁGINA **VINTE E OITO**

UMBUZEIRO
SPONDIAS TUBEROSA

O UMBUZEIRO É UMA ESPÉCIE TÍPICA DA CAATINGA. CHEGA A 7 METROS DE ALTURA, TEM TRONCO CURTO E COPA ESPARRAMADA, EM FORMA DE GUARDA-CHUVA. SUAS FLORES BRANCAS E PERFUMADAS SÃO APRECIADAS PELAS ABELHAS. O FRUTO É O FAMOSO UMBU: REDONDINHO, DE TAMANHO VARIADO (PODE SER PEQUENO COMO UMA CEREJA OU GRANDE COMO UM LIMÃO), TEM CASCA VERDE OU AMARELA, POLPA MACIA E SABOR LEVEMENTE AZEDO. BATIDO COM LEITE FAZ A UMBUZADA, UM REFRESCO MUITO APRECIADO NO NORDESTE.

UMBUZEIRO É UM NOME QUE COMEÇA COM A **LETRA U**.
VEJA OUTRAS FORMAS DE ESCREVER A **LETRA U**:

U u 𝓤 𝓊

VASSOURINHA
SCOPARIA DULCIS

PLANTA PEQUENA, DE CERCA DE 30 CENTÍMETROS, COM CAULE FINO, FOLHAS PEQUENAS E INÚMERAS FLORES BRANCAS MIÚDAS. É TAMBÉM CHAMADA DE VASSOURINHA-DOCE, POR SER MUITO PROCURADA PELAS ABELHAS. É ENCONTRADA EM ABUNDÂNCIA NA FLORESTA AMAZÔNICA, MAS SE DESENVOLVE EM TODO O PAÍS, CRESCENDO TAMBÉM NO MEIO DE PLANTAÇÕES. SEU NOME VEM DO COSTUME DE, NO PASSADO, AMARRAR VÁRIOS DE SEUS RAMINHOS E USÁ-LOS PARA VARRER A CASA.

VASSOURINHA É UM NOME QUE COMEÇA COM A **LETRA V**.

VEJA OUTRAS FORMAS DE ESCREVER A **LETRA V**:

V v 𝒱 𝓋

XAXIM
DICKSONIA SELLOWIANA

O XAXIM É UMA ESPÉCIE MILENAR, DA FAMÍLIA DAS SAMAMBAIAS. NATURAL DA MATA ATLÂNTICA, TAMBÉM ESTÁ PRESENTE NO SUL DO BRASIL. CRESCE BEM LENTAMENTE E PODE CHEGAR A 6 METROS DE ALTURA. O XAXIM NÃO TEM FLORES, FRUTOS OU SEMENTES, APENAS MINÚSCULAS BOLINHAS MARRONS GRUDADINHAS NAS FOLHAS, QUE, QUANDO SE DESPRENDEM DA PLANTA, VOAM EM BUSCA DE UM SOLO ÚMIDO PARA GERMINAR. O TRONCO DO XAXIM É FORMADO POR DIVERSAS CAMADAS DE RAÍZES QUE VÃO SE ENTRELAÇANDO.

XAXIM É UM NOME QUE COMEÇA COM A **LETRA X**.
VEJA OUTRAS FORMAS DE ESCREVER A **LETRA X**:

X x 𝒳 𝓍

ZIMBRO
JUNIPERUS COMMUNIS

ORIGINAL DO NORTE DA EUROPA, O ZIMBRO GOSTA DE CLIMA FRIO, SENDO CULTIVADO NO SUL DO BRASIL, NAS REGIÕES DE CLIMA TEMPERADO. PODE CHEGAR A 3 METROS DE ALTURA E TEM A COPA EM FORMA DE CONE. SUAS FOLHAS SÃO PONTIAGUDAS E AS DELICADAS FLORES TÊM COR VERDE-AMARELADA. OS FRUTOS SÃO REDONDOS, ROXINHOS, E SE PARECEM COM PEQUENAS UVAS.

ZIMBRO É UM NOME QUE COMEÇA COM A **LETRA Z**.

VEJA OUTRAS FORMAS DE ESCREVER A **LETRA Z**:

Z z *Z z*

A LOBEIRA E O LOBO-GUARÁ NO CERRADO BRASILEIRO

O CERRADO PEGOU FOGO! COMO SERÁ QUE AS ÁRVORES E OS ANIMAIS, A FLORA E A FAUNA VÃO SOBREVIVER? PRECISA DA ÁGUA QUE VEM DE BAIXO DO CHÃO, PASSA PELA RAIZ DA LOBEIRA E SERVE PARA O LOBO-GUARÁ BEBER. AQUI NO JORNAL VOCÊ VAI SABER COMO ELES CONVIVEM NO CERRADO DO BRASIL.

A LOBEIRA

O LOBO-GUARÁ

VOCÊ SABE POR QUE ELES TÊM NOMES TÃO PARECIDOS?

LEIA E PARTICIPE DE UMA AVENTURA NO SÍTIO COM O LOBO-GUARÁ.

LOBEIRA
SOLANUM LYCOCARPUM

VOCÊ CONHECE A LOBEIRA? NA PÁGINA 20 ❋ DO LIVRO DA FLORA VOCÊ PODE LER MAIS SOBRE ESSA ÁRVORE.

SABIA QUE TEM UM ANIMAL QUE GOSTA MUITO DO FRUTO DA LOBEIRA?

VEJA SE VOCÊ CONSEGUE DESCOBRIR O NOME DELE... O NOME DELE SE PARECE COM O DA LOBEIRA.

[DESENHE AQUI O ANIMAL QUE VOCÊ PENSOU.]

A LOBEIRA É MUITO FORTE E RESISTE AO DESMATAMENTO. FLORESCE E FRUTIFICA A MAIOR PARTE DO ANO. CHEGA A TER 5 METROS DE ALTURA.

VEJA COMO A LOBEIRA É!

LOBO-GUARÁ
CHRYSOCYON BRACHYURUS

O LOBO-GUARÁ É UM ANIMAL TÍPICO DA FAUNA DO CERRADO BRASILEIRO. SE VOCÊ VIR UM ANIMAL DE COR MARROM-ALARANJADA E PERNAS LONGAS COBERTAS DE PELOS PRETOS, É UM LOBO-GUARÁ.

VOCÊ ACHA QUE O LOBO-GUARÁ PARECE COM O ANIMAL QUE VOCÊ TINHA IMAGINADO?

O LOBO-GUARÁ GOSTA MUITO DOS FRUTOS DA LOBEIRA. E, QUANDO FAZ COCÔ, ESPALHA AS SEMENTES NO CERRADO, AJUDANDO NO NASCIMENTO DE NOVAS LOBEIRAS.

O LOBO-GUARÁ É UM ANIMAL QUE SE PARECE COM UM CACHORRO DE TAMANHO MÉDIO. ELE TEM ESSE NOME POR CAUSA DO SEU UIVO. É UM LATIDO LONGO QUE OS ÍNDIOS TUPI ENTENDIAM COMO GUAÁÁÁÁÁÁÁÁ. NÓS ESCREVEMOS LOBO-GUARÁ.

[ESCREVA VOCÊ TAMBÉM O NOME DELE SOBRE A GRAMA.]

DE TANTO QUE O LOBO-GUARÁ GOSTA DA FRUTA DA LOBEIRA, ELA FICOU CONHECIDA COMO FRUTA-DO-LOBO.

[DESENHE AQUI A FRUTA-DO-LOBO.]

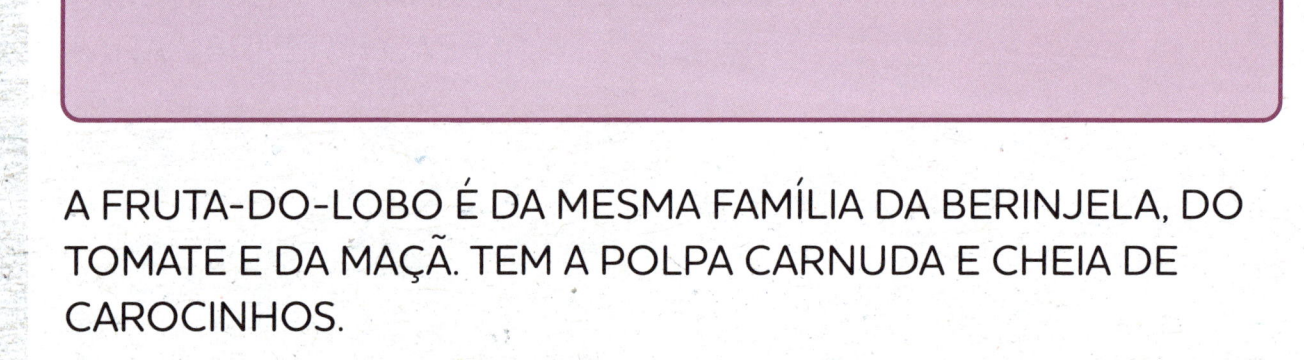

A FRUTA-DO-LOBO É DA MESMA FAMÍLIA DA BERINJELA, DO TOMATE E DA MAÇÃ. TEM A POLPA CARNUDA E CHEIA DE CAROCINHOS.

BERINJELA  **TOMATE**  **MAÇÃ**

38 PÁGINA **TRINTA E OITO**

OLHA COMO É A FRUTA-DO-LOBO POR DENTRO:

VOCÊ ACHA QUE SE PARECE COM A BERINJELA, COM O TOMATE OU COM A MAÇÃ?

[VOCÊ JÁ EXPERIMENTOU ESSES ALIMENTOS? QUAL DELES VOCÊ PREFERE? PINTE O SEU PREFERIDO.]

BERINJELA

TOMATE

MAÇÃ

PÁGINA TRINTA E NOVE

O LOBO-GUARÁ É UM ANIMAL DÓCIL, SENSÍVEL E TÍMIDO.

[DESENHE NESTA PÁGINA UM ANIMAL QUE TEM QUATRO PATAS, TEM RABO PELUDO, TEM ORELHA GRANDE E TEM PELOS PRETOS NO PESCOÇO.]

[**DESENHE UMA LOBEIRA, QUE TEM FOLHAS PELUDAS, FRUTAS VERDES DO TAMANHO DE UMA MAÇÃ E FLORES ROXAS.**]

COMO VIMOS, O LOBO-GUARÁ AJUDA A ESPALHAR A LOBEIRA PELO CERRADO. QUANDO DIMINUI O NÚMERO DE LOBOS-GUARÁ DIMINUI O NÚMERO DE LOBEIRAS.

[DESENHE AQUI O LOBO-GUARÁ E A LOBEIRA:]

DIZEM QUE O LOBO-GUARÁ MORA NO CERRADO HÁ MUITO TEMPO. NO SÍTIO ARQUEOLÓGICO DA PEDRA PINTADA, EM BARÃO DE COCAIS, MINAS GERAIS, TEM PINTURAS MUITO ANTIGAS NAS PAREDES DE PEDRA, QUE PODEM TER DE 6.000 A 10.000 ANOS DE IDADE.

QUE ANIMAIS VOCÊ ACHA QUE FORAM PINTADOS AQUI? SERÁ QUE UM DELES É O LOBO-GUARÁ?

[QUE TAL VOCÊ TAMBÉM DESENHAR ANIMAIS NESTA PEDRA?]

PODEMOS FAZER TINTAS NATURAIS COM TERRAS PENEIRADAS DE DIVERSAS CORES. TAMBÉM PODEMOS FAZER TINTAS NATURAIS COM SEMENTES, COMO A DO URUCUM. E TAMBÉM PODEMOS OBTER TINTA NATURAL COZINHANDO VEGETAIS, COMO A BETERRABA.

ARTE DA TERRA, DE JHON BERMOND.

NO BIOMA CERRADO EXISTEM TERRAS, SEMENTES E VEGETAIS QUE PODEM SERVIR PARA FAZER TINTAS NATURAIS.

[QUE TAL FAZER TINTAS COM INGREDIENTES DA NATUREZA? VEJA AQUI DUAS RECEITAS DE TINTAS COM PIGMENTOS QUE TAMBÉM SÃO USADOS COMO TEMPEROS PARA COZINHAR.]

RECEITA DE TINTA DE AÇAFRÃO DA TERRA

- **INGREDIENTES:**
  - COLA BRANCA
  - PÓ DE AÇAFRÃO
  - ÁGUA

- **MODO DE PREPARO:**

MISTURE POUCO A POUCO OS INGREDIENTES EM UMA TIGELA.

OBSERVE:

MAIS AÇAFRÃO – AMARELO MAIS FORTE

MENOS AÇAFRÃO – AMARELO MAIS CLARO

MAIS ÁGUA – TINTA MAIS MOLE

RECEITA DE TINTA DE COLORAU OU URUCUM

- **INGREDIENTES:**
  - ÓLEO DE COZINHA
  - PÓ DE COLORAU OU SEMENTE DE URUCUM

- **MODO DE PREPARO:**

MISTURE BEM COM O DEDO E PINTE NA PELE OU NO PAPEL.

[**VAMOS PESQUISAR PIGMENTOS PARA FAZER TINTAS NATURAIS? FAÇA UMA LISTA COM O NOME DOS MATERIAIS QUE VOCÊ ENCONTROU.**]

GIRASSOL	JABUTICABA	REPOLHO ROXO + AÇAFRÃO
AÇAFRÃO	CAFÉ	CARVÃO
URUCUM	AÇAÍ	REPOLHO ROXO

BETERRABA

BIOMA AMAZÔNIA

BIOMA CAATINGA

BIOMA CERRADO

BIOMA PANTANAL

BIOMA MATA ATLÂNTICA

BIOMA PAMPA

O BIOMA CERRADO ABRIGA TERRITÓRIOS INDÍGENAS, QUILOMBOLAS E COMUNIDADES TRADICIONAIS NÃO INDÍGENAS QUE CONVIVEM NA NATUREZA.

VEJA, NA IMAGEM ABAIXO, ONDE O CERRADO, QUE É A CASA DO LOBO-GUARÁ E DA LOBEIRA, FICA NO PLANETA TERRA.

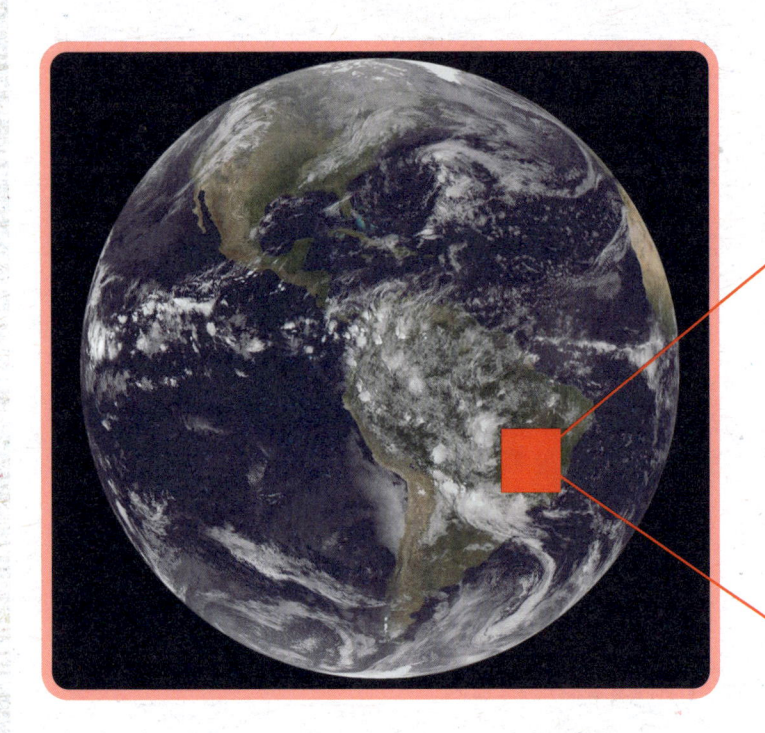

[DESENHE O PLANETA TERRA E MARQUE O LUGAR ONDE ESTÁ A SUA CASA.]

NO SÍTIO ANTARES

UM DIA, MANUEL TEVE UMA SURPRESA – UM LOBO – GUARÁ BEM NA CURVA DA ESTRADA, PERTINHO DA LOBEIRA! NO SITIO ANTARES TAMBÉM TEM UMA MANGUEIRA BEM GRANDE. O CAVALO PETULANTE ADORA CHUPAR AS MANGAS MADURAS, ELE COSPE O CAROÇO NO CHÃO PARA NASCER OUTRA MANGUEIRA.

O QUE ACONTECEU COM UM FILHOTE DA CORUJA SUINDARA?

UM DIA, NA ESTRADINHA DA PORTEIRA DO SÍTIO ANTARES ONDE EU MORO, EU E MINHA MÃE VIMOS UM LOBO-GUARÁ. MINHA MÃE ESTAVA ME LEVANDO PARA A ESCOLA NA CIDADE. BEM NA CURVA DA ESTRADA TEM UMA LOBEIRA, FOI ISSO!

[DESENHE NESTA PÁGINA O LOBO-GUARÁ QUE O MENINO E SUA MÃE ENCONTRARAM.]

FOI UM SUSTO À TOA, QUE ESSE LOBO NEM PEGA AS NOSSAS GALINHAS. SÃO CINCO GALINHAS E UM GALO. OVOS, TODO DIA PEGAMOS DOIS OU TRÊS PARA COMER, OS OUTROS FICAM PARA CHOCAR.

QUEM VEIO PRIMEIRO, O OVO OU A GALINHA?

TODO DIA DOU MILHO PARA AS GALINHAS, O GALO E UNS PINTINHOS, QUE LOGO CRESCEM E VIRAM FRANGO. JOGO MILHO, E TODOS VÊM ATRÁS DE MIM, EU GOSTO.

GOSTO DE PIPOCA. MILHO COZIDO É DURO NO DENTE. CANJICA, EU GOSTO, MUNGUNZÁ, CRAVO E CANELA. PAMONHA, NÃO GOSTO. CUSCUZ DE MILHO, GOSTO COM BASTANTE MANTEIGA.

TEM QUE PISAR O MILHO PARA FAZER A FARINHA.

ANTES DE PISAR O MILHO, TEM QUE TIRAR O MILHO DO PÉ.

ANTES DE TIRAR O MILHO DO PÉ, TEM QUE PLANTAR O MILHO.

MEU PAI CAVA COM ENXADA E COLOCAMOS MILHO NA TERRA CAVADA.

PRECISA MOLHAR!

EM JANEIRO, FEVEREIRO CHOVE MUITO, PLANTAMOS MILHO.

EM JUNHO, JULHO COLHEMOS O MILHO, FAZEMOS A FESTA.

EM AGOSTO, SETEMBRO, TUDO SECO, MOLHAMOS A NOSSA HORTA.

DE ONDE VEM A ÁGUA? DO REGATO DE ÁGUA LÍMPIDA E CONTENTE QUE PASSA BEM ATRÁS DA CASA. RASINHO, COM PEDRAS NO FUNDO. BRINCAMOS SEMPRE LÁ, EU, O DITO E A CAROL.

CAROLINA É O NOME DELA, MINHA IRMÃ MAIS VELHA.

ALI, NA BEIRA DO REGATO EM FLOR, TEM UMA CASINHA. DENTRO DA CASINHA FICA A BOMBA D'ÁGUA. A BOMBA LEVA ÁGUA PELO CANO PARA MOLHAR O MILHO, MOLHAR A HORTA, TOMAR BANHO EM CASA E LAVAR A LOUÇA.

[O QUE VOCÊ ACHA QUE SE PLANTA EM UMA HORTA? DESENHE AQUI A HORTA DO SÍTIO ANTARES. O GLOSSÁRIO DA PÁGINA 55 ❋ PODE TE AJUDAR COM ESSA ATIVIDADE.]

OUTRO DIA, DE MANHÃ CEDO, NA ESTRADINHA DA BOMBA, DITO ACHOU UMA CORUJINHA NO CHÃO.

CAROL SUBIU NA CAIXA D'ÁGUA E VIU NA CASINHA DA BOMBA A CORUJA SUINDARA E SEIS FILHOTES.

A CORUJA FICOU BRAVA, FEZ GRRRRRR, MAS AGORA OS SETE FILHOTES ESTÃO COM ELA.

AH! O MEU NOME É MANUEL.

SABE POR QUE O SÍTIO CHAMA ANTARES? PORQUE A ESTRELA ANTARES FICA BEM EM CIMA DA CASA DO SÍTIO. À NOITE DEITAMOS LÁ FORA PARA VER AS ESTRELAS NO CÉU, E A VEMOS PISCANDO. GIGANTE! E VERMELHA.

[QUANTOS FILHOTES ESTÃO FALTANDO? DESENHE OS FILHOTES QUE FALTAM E COMPLETE A FAMÍLIA.]

[**CONTINUE A LISTA E ESCREVA OUTRAS PLANTAS QUE PODEMOS PLANTAR NA HORTA.**]

O QUE PLANTAMOS NA NOSSA HORTA

ALFACE
CENOURA
TOMATE
SALSINHA
HORTELÃ

GLOSSÁRIO

ALFACE: É UM VEGETAL QUE FAZ PARTE DE NOSSA ALIMENTAÇÃO HÁ MUITOS ANOS. EXISTEM VÁRIOS TIPOS DE ALFACES: LISA, CRESPA, DURINHA OU MAIS MOLINHA. MUITAS SÃO VERDES, MAS TAMBÉM PODEM SER ROXAS OU AMARELADAS.

CENOURA: A CENOURA É UMA HORTALIÇA CUJA PARTE COMESTÍVEL É A SUA RAIZ TUBEROSA, NA FORMA DE UM CILINDRO, CASCA LISA E CORES VARIADAS. ALARANJADA, PODE TAMBÉM SER BRANCA, AMARELA, VERMELHA OU ROXA.

FEIJÃO: É A SEMENTE QUE NASCE DENTRO DA VAGEM, O FRUTO DO PÉ DE FEIJÃO, E PERTENCE AO GRUPO DAS LEGUMINOSAS. NO BRASIL, OS FEIJÕES MAIS CONHECIDOS SÃO: CARIOQUINHA, PRETO, VERMELHO, BRANCO, RAJADINHO, FRADINHO, MANTEIGUINHA, DE CORDA.

SALSINHA: A SALSA OU SALSINHA É UMA HORTALIÇA QUE PODE CRESCER ATÉ 50 CENTÍMETROS. TEM O CAULE FININHO COM FOLHAS EM FORMA DE TRIÂNGULO, DE COR VERDE ESCURA. É USADA EM SALADAS OU PARA TEMPERAR ALIMENTOS.

TOMATE: É UMA FRUTA REDONDA, COM A CASCA FININHA E MUITAS PEQUENAS SEMENTES. O TOMATE É PRIMEIRO VERDE E SE TORNA VERMELHO QUANDO ESTÁ MADURO. ESTÁ PRESENTE NA ALIMENTAÇÃO COMO SALADA, EM MOLHOS, SOPAS E SUCOS.

UNI, DUNI, TÊ
SALAMÊ, MINGUÊ
MEU SORVETE COLORÊ
O ESCOLHIDO FOI VOCÊ.

UNIDADE 2
EU E VOCÊ

NOSSOS NOMES

QUANDO HELENA TINHA 4 ANOS, ELA ESCREVEU O NOME DELA MUITAS VEZES...

ÀS VEZES, ELA ESCREVIA ATRÁS DOS SEUS DESENHOS PARA DEPOIS PODER SABER QUE O DESENHO ERA DELA.

ÀS VEZES, O NOME VIRAVA DESENHO...

E, EM ALGUNS DESENHOS, HELENA ESCREVIA SEU NOME PARA PRESENTEAR ALGUÉM.

VOCÊ VIU COMO HELENA FOI MUDANDO O JEITO DE ESCREVER O NOME DELA?

QUE TAL VOCÊ ESCREVER SEU NOME NESTES ESPAÇOS EM DIFERENTES ÉPOCAS DO ANO, PARA DEPOIS PODER VER COMO VOCÊ TAMBÉM FOI MUDANDO SEU JEITO DE ESCREVER?

NO COMEÇO DO ANO

NO MEIO DO ANO

NO FIM DO ANO

DETETIVE DE NOMES

IARA, **BENJAMIM** E **HELENA** ESTÃO NA MESMA TURMA DA ESCOLA E ADORAM QUANDO CHEGA A SUA VEZ DE SER AJUDANTE DO DIA.

| IARA | BENJAMIM | HELENA |

COMO QUERIAM MUITO QUE A SUA VEZ CHEGASSE, FORAM PERGUNTAR PARA A PROFESSORA QUEM SERIA O AJUDANTE DE AMANHÃ.

A PROFESSORA RESPONDEU COM UM DESAFIO. O NOME DA CRIANÇA QUE SERÁ O AJUDANTE AMANHÃ:

- TERMINA COM A
- COMEÇA COM I

[VEJA OS CARTÕES DE NOMES DAS CRIANÇAS E CIRCULE O NOME DE QUEM SERÁ O AJUDANTE AMANHÃ.]

| IARA | BENJAMIM | HELENA |

PÁGINA **SESSENTA**

A PROFESSORA DA TURMA DE HELENA, IARA E BENJAMIM PROPÔS UM JOGO DE DETETIVE DE NOMES.

COLOCOU NO CENTRO DA RODA ESTES CARTÕES DE NOMES.

MAÍRA	**MARIA**	**BENTO**
ANA	**ANTONIO**	**IARA**
HELENA	**JOAQUIM**	**BENJAMIM**

[E PERGUNTOU: QUEM ADIVINHA QUAL NOME ESTÁ TAMPADO AQUI? OLHEM BEM AS PISTAS QUE MOSTREI.]

BEN

MIM

PARLENDAS PARA ESCOLHER

NA HORA QUE TODOS SAEM PARA BRINCAR NO PARQUE, BENJAMIM, HELENA, IARA E SEUS AMIGOS ADORAM BRINCAR DE ESCONDE-ESCONDE.

PARA DECIDIR QUEM VAI SER O PEGADOR, AS CRIANÇAS USAM UMA PARLENDA. VEJA DUAS DELAS:

UNI, DUNI, TÊ
SALAMÊ, MINGUÊ
MEU SORVETE COLORÊ
O ESCOLHIDO FOI VOCÊ.

LÁ EM CIMA DO PIANO
TEM UM COPO DE VENENO
QUEM BEBEU, MORREU
O AZAR FOI SEU.

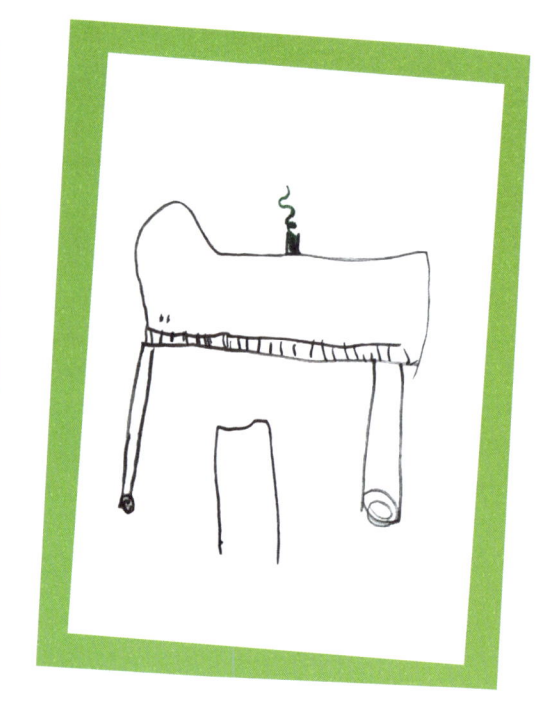

[ESCREVA AQUI UMA PARLENDA QUE VOCÊ E SUA TURMA USAM PARA BRINCAR.]

PERSONAGENS DE CONTOS DE FADAS – LOBOS

A TURMA DE HELENA, IARA E BENJAMIM ESTÁ INVESTIGANDO PERSONAGENS DE CONTOS DE FADA.

NESTA SEMANA, ESTÃO LENDO CONTOS QUE TÊM **LOBOS** COMO PERSONAGEM.

VOCÊ CONHECE ESTAS HISTÓRIAS?

- CHAPEUZINHO VERMELHO
- O LOBO E OS SETE CABRITINHOS
- OS TRÊS PORQUINHOS

[DESENHE AQUI O SEU LOBO.]

PERSONAGENS DE CONTOS DE FADAS – CRIANÇAS CORAJOSAS

NESTA SEMANA, A TURMA DE IARA, HELENA E BENJAMIM ESTÁ INVESTIGANDO COMO SÃO AS CRIANÇAS CORAJOSAS DOS CONTOS.

VOCÊ CONHECE ESTAS HISTÓRIAS?

- JOÃO E O PÉ DE FEIJÃO
- JOÃO E MARIA
- O PEQUENO POLEGAR

[IMAGINE UM HERÓI OU UMA HEROÍNA BEM CORAJOSOS E DESENHE AQUI.]

PERSONAGENS DE CONTOS DE FADAS – REIS E RAINHAS

AGORA, A TURMA DE BENJAMIM, IARA E HELENA ESTÁ INVESTIGANDO OS REIS E AS RAINHAS DOS CONTOS.

DECIDIRAM LER ESTAS HISTÓRIAS. VOCÊ CONHECE?

- BRANCA DE NEVE
- BELA ADORMECIDA
- CINDERELA

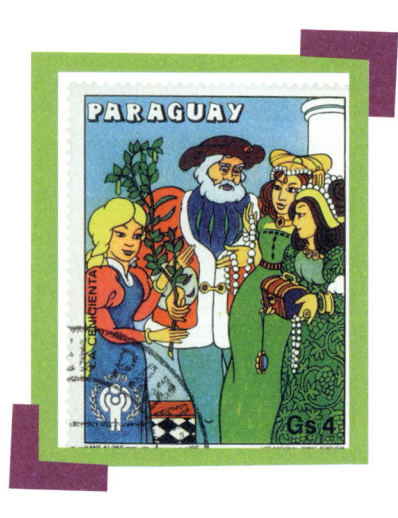

[AGORA QUE VOCÊ JÁ CONHECE TANTOS PERSONAGENS, DESENHE AQUI O SEU FAVORITO.]

ÁLBUM DE FIGURINHAS

ESTE ÁLBUM PERTENCE A

[MARQUE AQUI O NÚMERO DAS FIGURINHAS QUE VOCÊ JÁ COLOU.]

1	2	3	4	5	6	7
8	9	10	11	12	13	14
15	16	17	18	19	20	21
22	23	24	25	26	27	28
29	30	31	32			

PÁGINA **SETENTA**

ANIMAIS

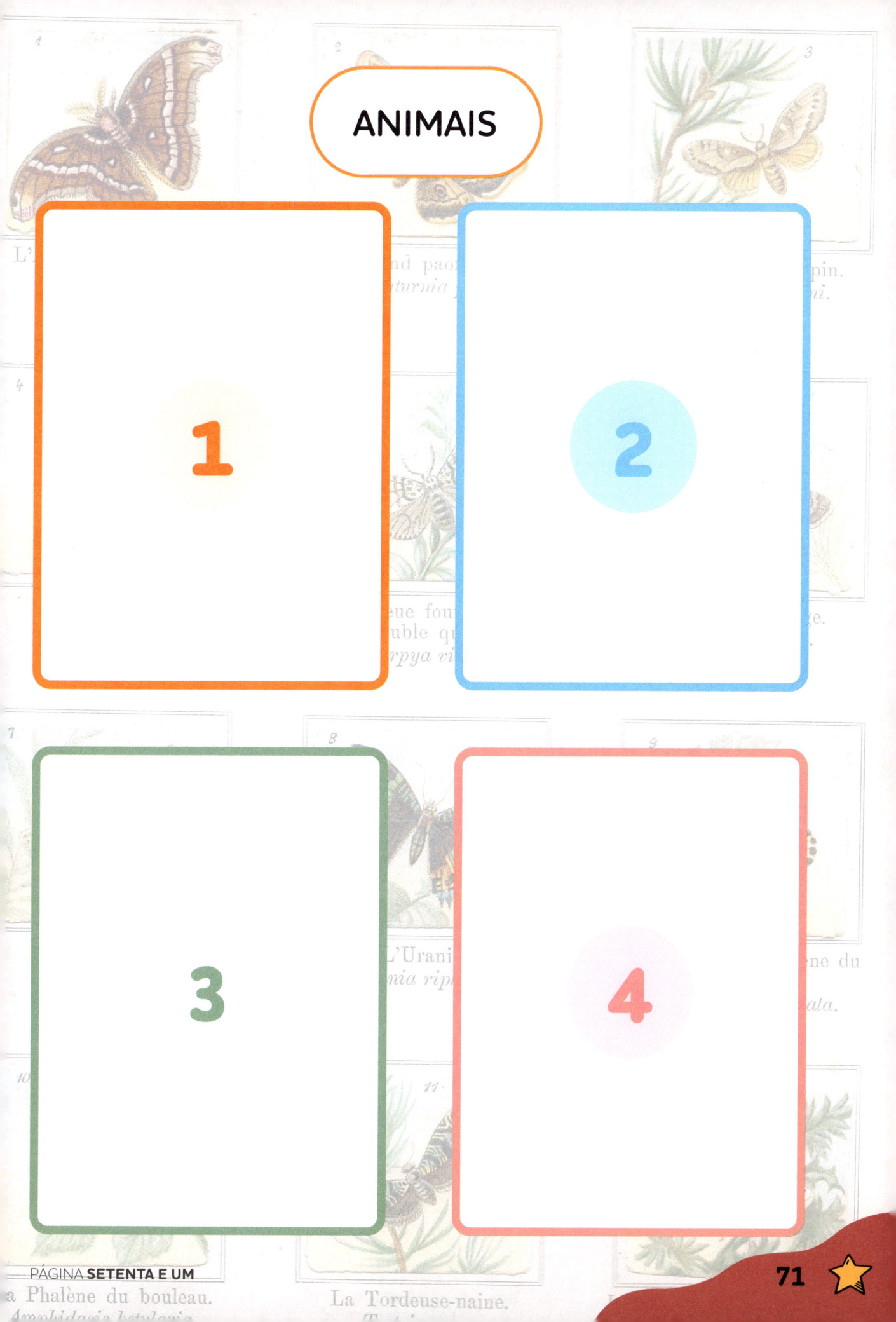

1

2

3

4

PÁGINA **SETENTA E UM**

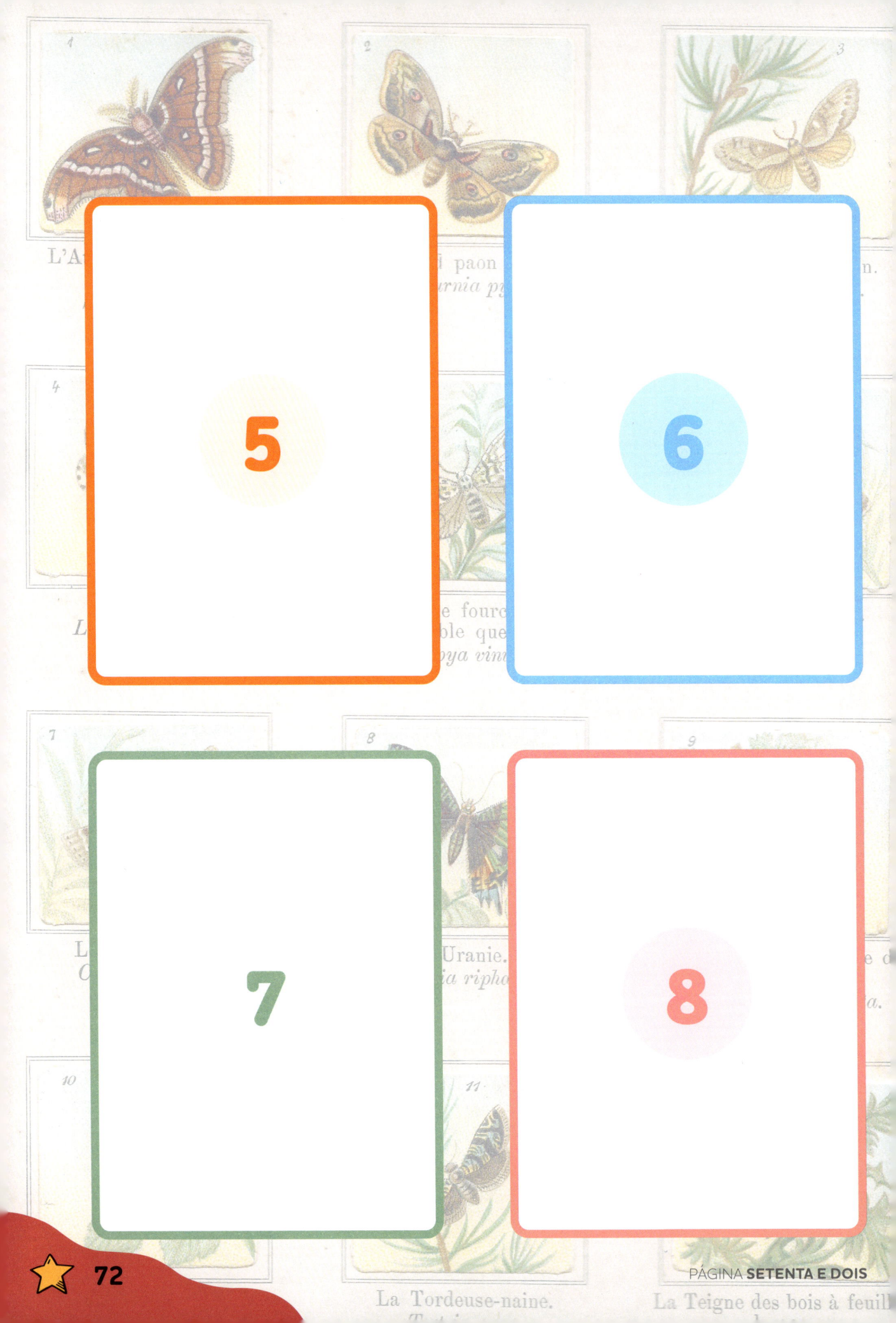

PÁGINA **SETENTA E DOIS**

9

10

11

12

FLORES

13

14

15

74

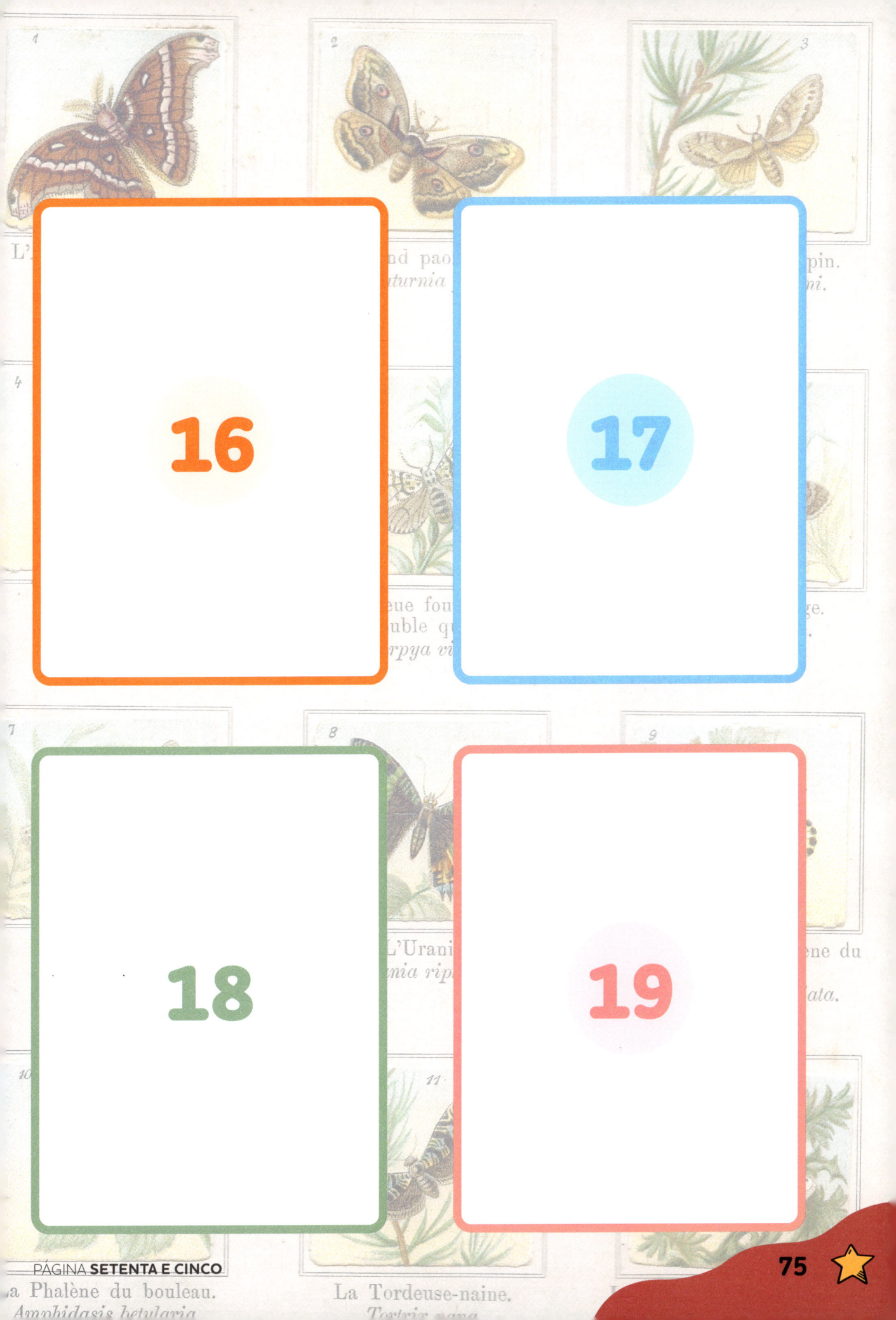

PÁGINA **SETENTA E CINCO**

MORADIAS

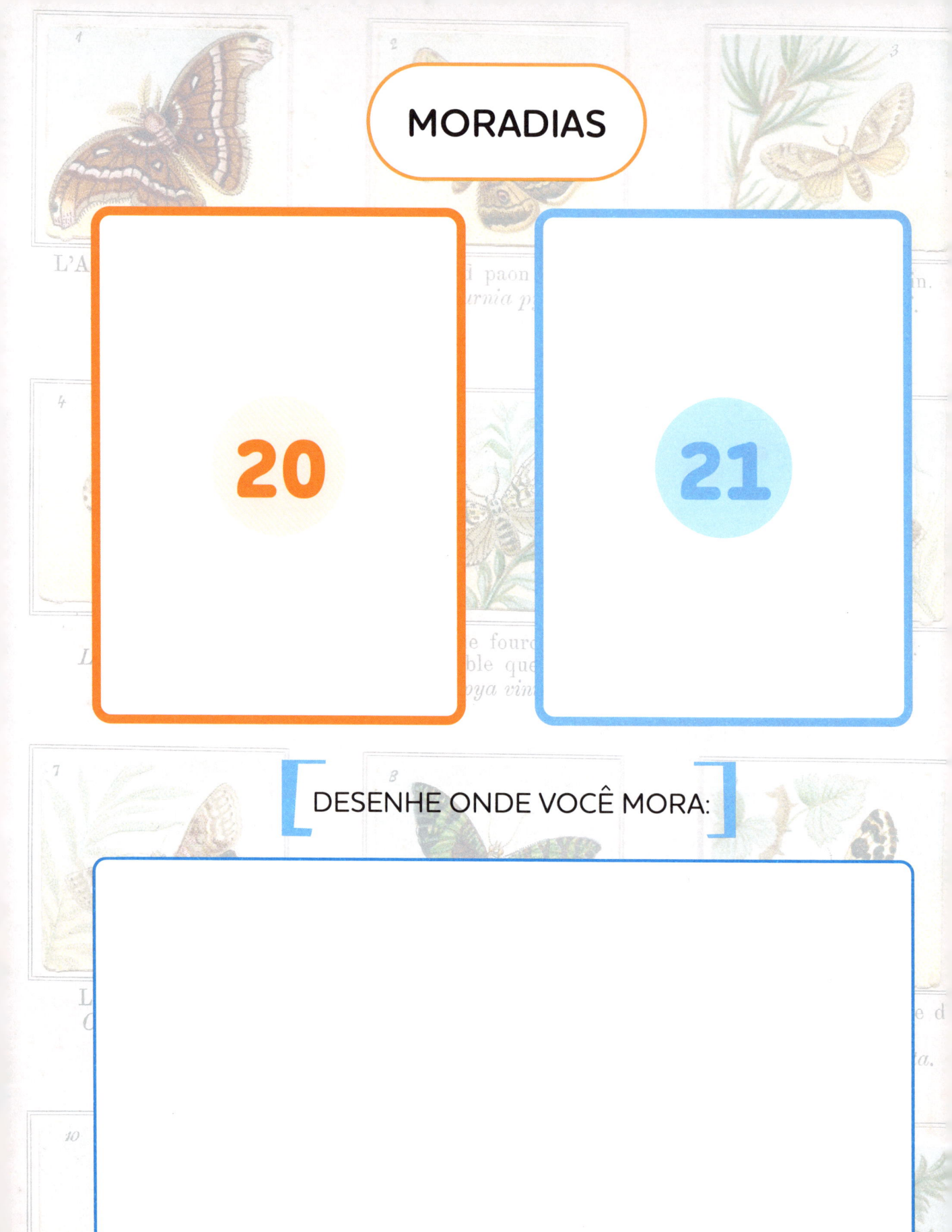

20

21

[DESENHE ONDE VOCÊ MORA:]

22

23

24

[COM QUAL DESSAS CASAS O LUGAR EM QUE VOCÊ MORA SE PARECE MAIS?]

PÁGINA **SETENTA E SETE**

77

MEIO DE TRANSPORTE

25

26

27

28

78 PÁGINA **SETENTA E OITO**

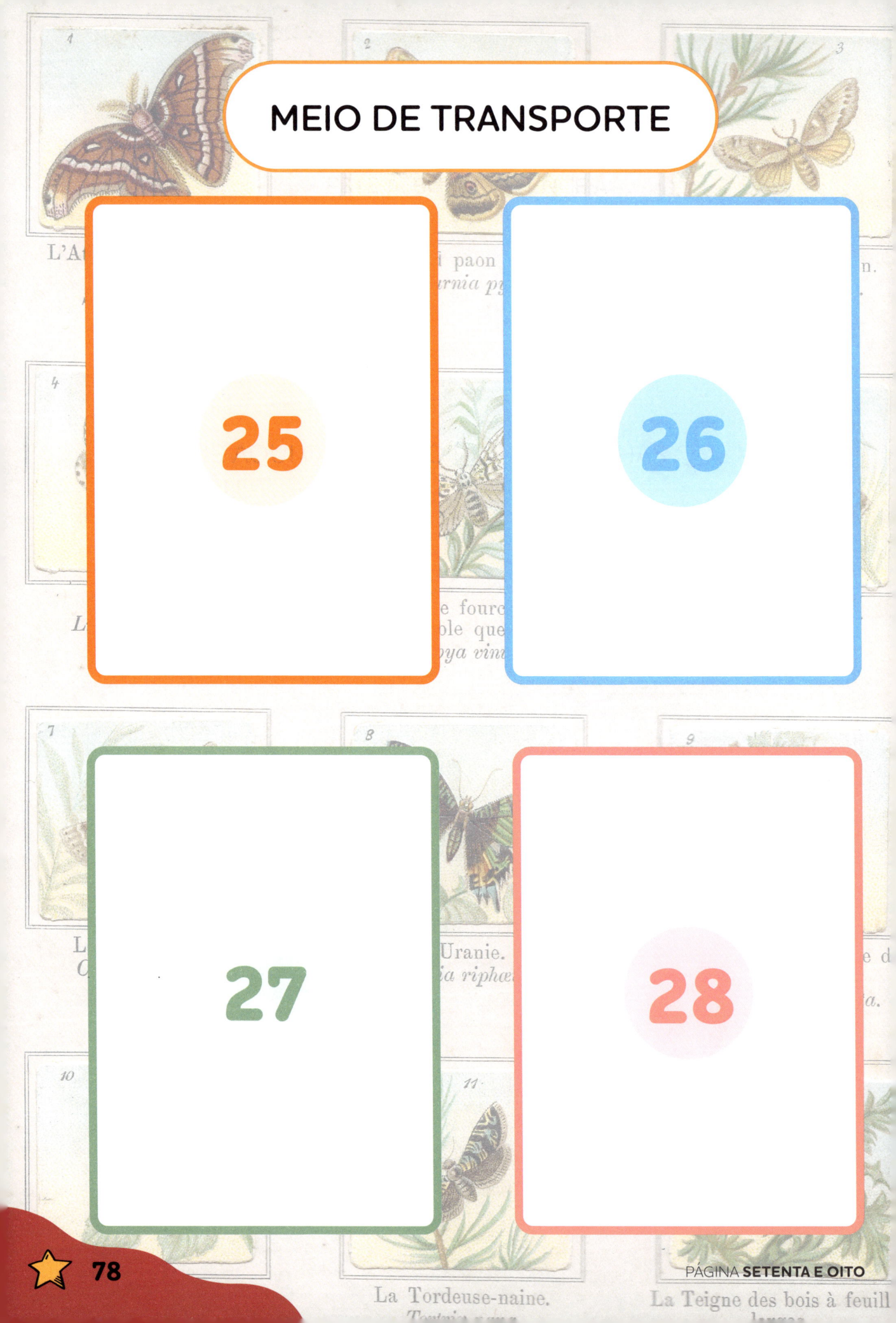

CLIMA

29

30

31

32

PÁGINA **SETENTA E NOVE**

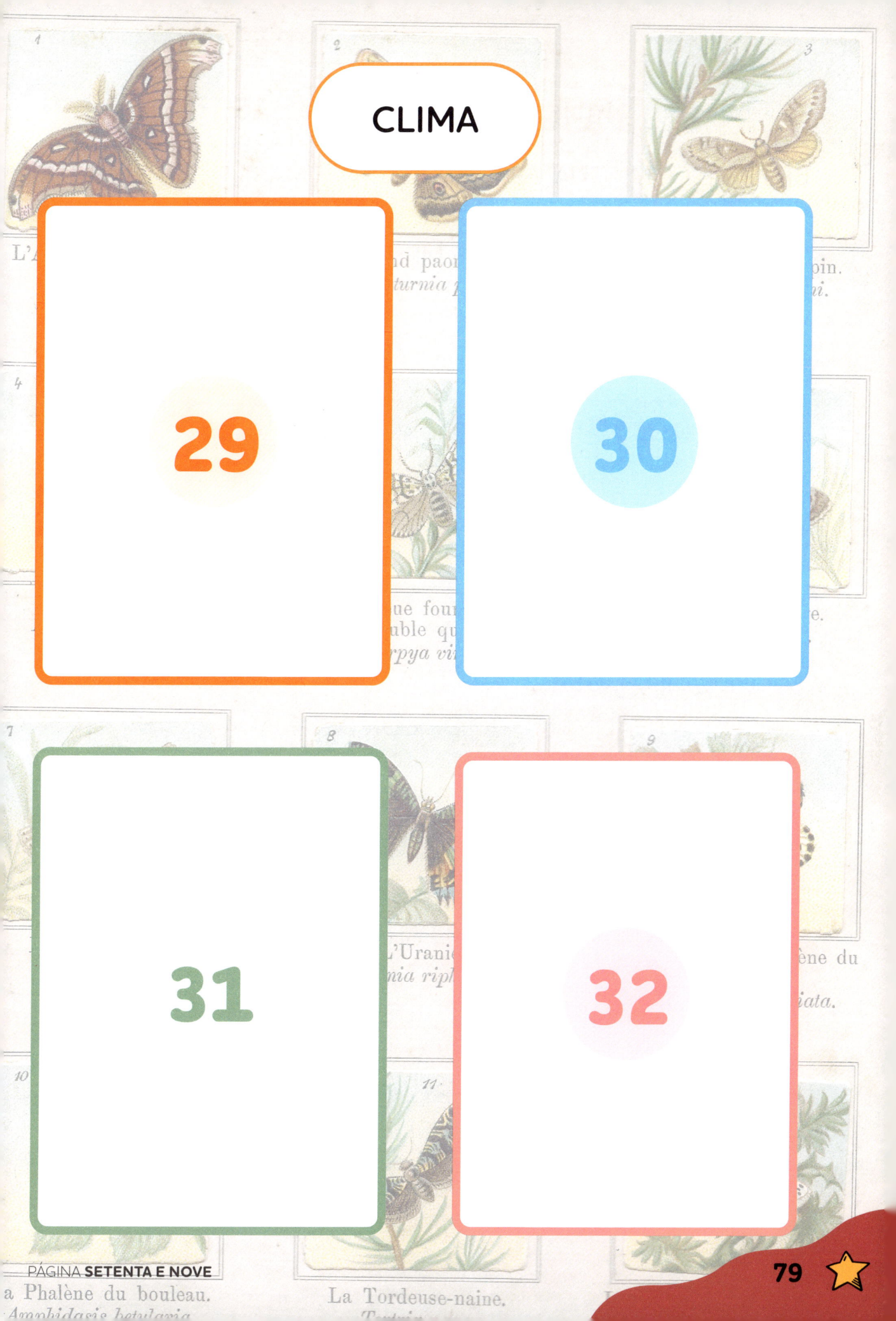

MELECAS E MASSINHAS

BRINCAR COM ÁGUA, AREIA, MELECAS E MASSINHAS É MUITO GOSTOSO, NÃO É MESMO?

VEJA ALGUMAS RECEITAS DE MELECAS E MASSINHAS PARA VOCÊ FAZER JUNTO COM SEUS COLEGAS.

MASSA PARA MODELAR

- **INGREDIENTES:**

- 1 QUILO DE FARINHA DE TRIGO

- 1/2 QUILO DE SAL

- CORANTE ALIMENTÍCIO DA COR DESEJADA

- ÓLEO DE COZINHA

- **MODO DE PREPARO:**

EM UMA BACIA, MISTURE A FARINHA, O SAL E A PORÇÃO DE CORANTE ALIMENTÍCIO PARA CHEGAR À TONALIDADE DESEJADA.

COLOQUE DUAS COLHERES (DE SOPA) DE ÓLEO.

VÁ ACRESCENTANDO ÁGUA AOS POUCOS, PROCURANDO DAR UNIDADE À MASSA ATÉ CHEGAR A UMA ÚNICA BOLA, AO MESMO TEMPO MALEÁVEL E SEM ESFARELAR.

MASSA NUVEM

- **INGREDIENTES:**
- 4 COPOS DE FARINHA DE TRIGO
- 1 COPO DE ÓLEO DE COZINHA

- **MODO DE PREPARO:**

COLOQUE A FARINHA NO CENTRO DA BACIA.

FAÇA UM BURACO NO MEIO DA FARINHA. COLOQUE O ÓLEO NESSE BURACO E MISTURE COM AS MÃOS.

QUANDO A MASSA ESTIVER UNIFORME, DIVIDA A MASSA EM BOLINHAS PARA QUE TODAS AS CRIANÇAS FIQUEM COM UMA EM SUAS MÃOS.

GUARDE A MASSA EM TEMPERATURA AMBIENTE EM UM POTE OU SACO BEM FECHADO. NESSAS CONDIÇÕES, ELA PODE DURAR ALGUNS DIAS.

[**QUAIS DESENHOS VOCÊ CONSEGUE FAZER COM SUAS MELECAS E MASSINHAS?**]

[APROVEITE AS IMAGENS FORMADAS POR ESSAS MASSINHAS E FAÇA SEUS DESENHOS.]

CANTIGAS COM O NOME DA GENTE

NESTA SEMANA, A PROFESSORA DA TURMA DE HELENA, IARA E BENJAMIM PROPÔS MÚSICAS E BRINCADEIRAS COM NOMES.

[VOCÊ CONHECE A MÚSICA "A CANOA VIROU"? NESSA BRINCADEIRA SE DIZ O NOME DE UMA DAS CRIANÇAS QUE ESTÃO BRINCANDO. ESCREVA SEU NOME NELA, PARA COMPLETAR A MÚSICA]

A CANOA VIROU

A CANOA VIROU

POR DEIXAR ELA VIRAR

FOI POR CAUSA DA

_____

QUE NÃO SOUBE REMAR

SE EU FOSSE UM PEIXINHO

E SOUBESSE NADAR

TIRAVA

_____

DO FUNDO DO MAR.

CIRANDA, CIRANDINHA

CIRANDA, CIRANDINHA
VAMOS TODOS CIRANDAR
VAMOS DAR A MEIA VOLTA
VOLTA E MEIA VAMOS DAR
O ANEL QUE TU ME DESTES
ERA VIDRO E SE QUEBROU
O AMOR QUE TU ME TINHAS
ERA POUCO E SE ACABOU
POR ISSO
DONA CRIANÇA
FAZ FAVOR DE ENTRAR NA RODA
DIGA UM VERSO BEM BONITO
DIGA ADEUS E VÁ-SE EMBORA.

QUE TAL BRINCAR COM SEUS AMIGOS DE CIRANDA, CIRANDINHA? NO LUGAR DE **DONA CRIANÇA**, VOCÊS DIZEM O NOME DE ALGUÉM QUE ESTÁ BRINCANDO.

VOCÊ SABE O QUE SÃO RIMAS?

QUANDO O FINAL DE UMA PALAVRA TEM UM SOM PARECIDO COM O DO FINAL DE OUTRA, DIZEMOS QUE AS PALAVRAS RIMAM.

VAMOS BRINCAR DE DETETIVE DE RIMAS EM CIRANDA, CIRANDINHA? CANTE ALGUMAS VEZES E OBSERVE SE HÁ PALAVRAS COM SONS PARECIDOS.

A CANTIGA DE RODA DE QUE MAIS GOSTO

NESTE MÊS, VAI TER SARAU NA TURMA DE IARA, HELENA E BENJAMIM. TODO MUNDO ESTÁ ENSAIANDO, E CADA CRIANÇA VAI CANTAR SUA CANÇÃO FAVORITA.

[ESCUTE AS CANÇÕES A SEGUIR, CANTE JUNTO E DEPOIS DECIDA QUAL É SUA PREFERIDA, FAZENDO UM CONTORNO BEM BONITO EM TORNO DA SUA ESCOLHIDA.]

CARANGUEJO NÃO É PEIXE

CARANGUEJO NÃO É PEIXE,
CARANGUEJO PEIXE É,
CARANGUEJO SÓ É PEIXE
NA ENCHENTE DA MARÉ.

ORA PALMA, PALMA, PALMA.
ORA PÉ, PÉ, PÉ.
ORA RODA, RODA, RODA,
CARANGUEJO PEIXE É.

DE ABÓBORA FAZ MELÃO

DE ABÓBORA FAZ MELÃO,
DE MELÃO FAZ MELANCIA.
DE ABÓBORA FAZ MELÃO,
DE MELÃO FAZ MELANCIA.

FAZ BOLO, SINHÁ, FAZ BOLO, SINHÁ,
FAZ BOLO TODO DIA.
FAZ BOLO, SINHÁ, FAZ BOLO, SINHÁ,
FAZ BOLO TODO DIA.

QUEM QUISER APRENDER A DANÇAR,
VÁ NA CASA DO SEU ZEZINHO.
QUEM QUISER APRENDER A DANÇAR,
VÁ NA CASA DO SEU ZEZINHO.

ELE PULA, ELE RODA,
ELE FAZ REQUEBRADINHO.
ELE PULA, ELE RODA,
ELE FAZ REQUEBRADINHO.

RODA PIÃO

O PIÃO ENTROU NA RODA, Ó PIÃO.
O PIÃO ENTROU NA RODA, Ó PIÃO.
RODA, PIÃO, BAMBEIA, PIÃO.
RODA, PIÃO, BAMBEIA, PIÃO.

SAPATEIA NO TERREIRO, Ó PIÃO.
SAPATEIA NO TERREIRO, Ó PIÃO.
RODA, PIÃO, BAMBEIA, PIÃO.
RODA, PIÃO, BAMBEIA, PIÃO.

FAÇA UMA CORTESIA, Ó PIÃO.
FAÇA UMA CORTESIA, Ó PIÃO.
RODA, PIÃO, BAMBEIA, PIÃO.
RODA, PIÃO, BAMBEIA, PIÃO.

ENTREGA O CHAPÉU, Ó PIÃO.
ENTREGA O CHAPÉU, Ó PIÃO.
RODA, PIÃO, BAMBEIA, PIÃO.
RODA, PIÃO, BAMBEIA, PIÃO.

LINDA LARANJA

Ó QUE LINDA LARANJA, Ó MENINA,
E QUE COISA BELA,
ELA É VERDE E AMARELA,
VIRA, CRIANÇA DA COR DE CANELA.

QUE TAL BRINCAR DE RODA COM LINDA LARANJA, TROCANDO A PALAVRA **CRIANÇA** PELO SEU NOME?

ESCREVA AQUI SEU NOME COMPLETANDO A LETRA DA MÚSICA.

Ó QUE LINDA LARANJA, Ó MENINA,
E QUE COISA BELA,
ELA É VERDE E AMARELA,
VIRA,

DA COR DE CANELA.

CAPELINHA DE MELÃO

CAPELINHA DE MELÃO,
É DE SÃO JOÃO,
É DE CRAVO, É DE ROSA,
É DE MANJERICÃO.

SÃO JOÃO ESTÁ DORMINDO,
NÃO ACORDE, NÃO.
ACORDAI, ACORDAI,
ACORDAI JOÃO.

[AGORA QUE VOCÊ JÁ OUVIU E CANTOU VÁRIAS CANTIGAS, ESCREVA AQUI O NOME DA SUA PREFERIDA.]

PÁGINA **NOVENTA**

GLOSSÁRIO

PARLENDA: AS PARLENDAS SÃO BRINCADEIRAS COM PALAVRAS. TAMBÉM SÃO CHAMADAS DE "LENGA-LENGAS" OU "CANTILENAS". MUITAS PARLENDAS TÊM RIMAS, E MUITAS VEZES O TEXTO DAS PARLENDAS NÃO FAZ MUITO SENTIDO, É UMA GRANDE BRINCADEIRA PARA DIVERTIR AS CRIANÇAS.

CANTIGA: CANTIGAS SÃO ALGUNS DOS PRIMEIROS VERSOS CANTADOS QUE CONHECEMOS. EXISTEM CANTIGAS DE NINAR, CANTIGAS PARA BRINCAR, CANTIGAS DE RODA... É FÁCIL MEMORIZAR ESSAS MÚSICAS, PORQUE ELAS SÃO FORMADAS POR VERSOS CURTOS E SIMPLES. FAZEM PARTE DA CULTURA DO NOSSO PAÍS.

PERSONAGEM: PERSONAGENS GERALMENTE SÃO PESSOAS, MAS TAMBÉM PODEM SER ANIMAIS OU SERES DA IMAGINAÇÃO. PODEM SER REAIS OU INVENTADOS. UMA HISTÓRIA CONTA AVENTURAS, MEDOS E SONHOS DOS SEUS PERSONAGENS. POR ISSO, SEM PERSONAGENS NÃO É POSSÍVEL CONTAR HISTÓRIAS.

MORADIAS: MORADIA É O LOCAL EM QUE SE MORA, COMO A CASA DA GENTE. NA NATUREZA, OS ANIMAIS MORAM EM ABRIGOS, TOCAS E NINHOS. TANTO PESSOAS QUANTO ANIMAIS PRECISAM TER SUAS MORADIAS PARA SE PROTEGER DE PERIGOS À SUA VOLTA, DO CALOR EXCESSIVO, DO FRIO E DA CHUVA.

MEIOS DE TRANSPORTE: MEIOS DE TRANSPORTE É COMO CHAMAMOS O QUE USAMOS PARA IR DE UM LUGAR PARA OUTRO. PARA IR ATÉ UM LUGAR PERTO, MUITAS PESSOAS ANDAM. PARA IR A UM LUGAR MAIS DISTANTE, NO ENTANTO, PODEMOS USAR ANIMAIS, BICICLETA, AUTOMÓVEL, CAMINHÃO, ÔNIBUS, BARCO, NAVIO E AVIÃO.

PÁGINA **NOVENTA E DOIS**

UNIDADE 3
BRINCADEIRAS

BRINCAR DE FAZ DE CONTA

[**DE QUE TIPOS DE FAZ DE CONTA CADA UMA DESTAS CRIANÇAS ESTÁ BRINCANDO?**]

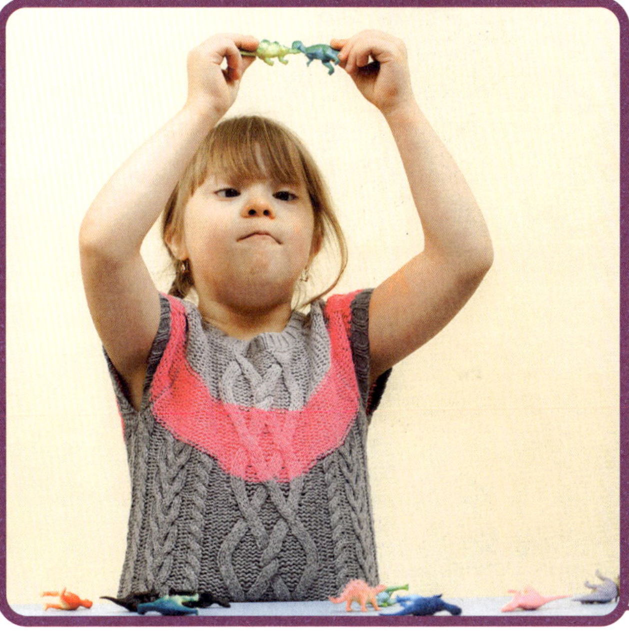

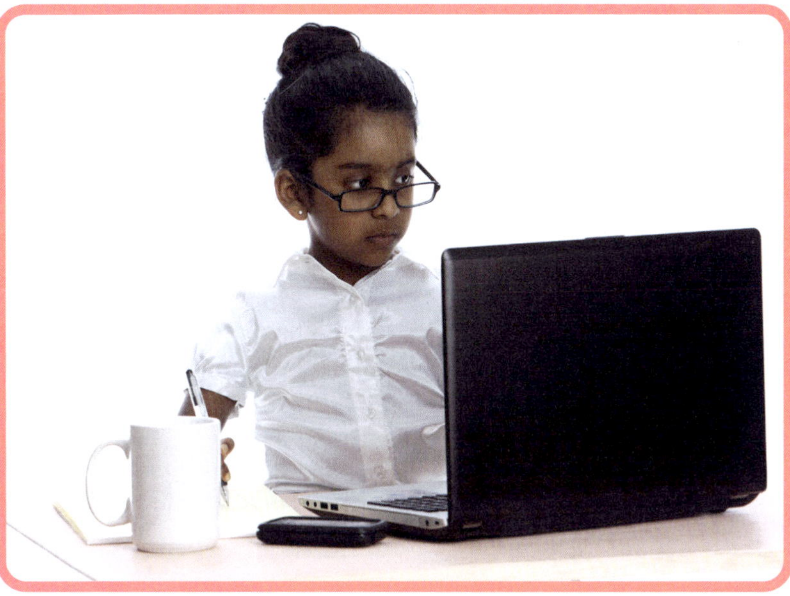

PÁGINA **NOVENTA E SEIS**

[DE QUAL TIPO DE FAZ DE CONTA VOCÊ PREFERE BRINCAR? DESENHE AQUI SEU FAZ DE CONTA PREFERIDO.]

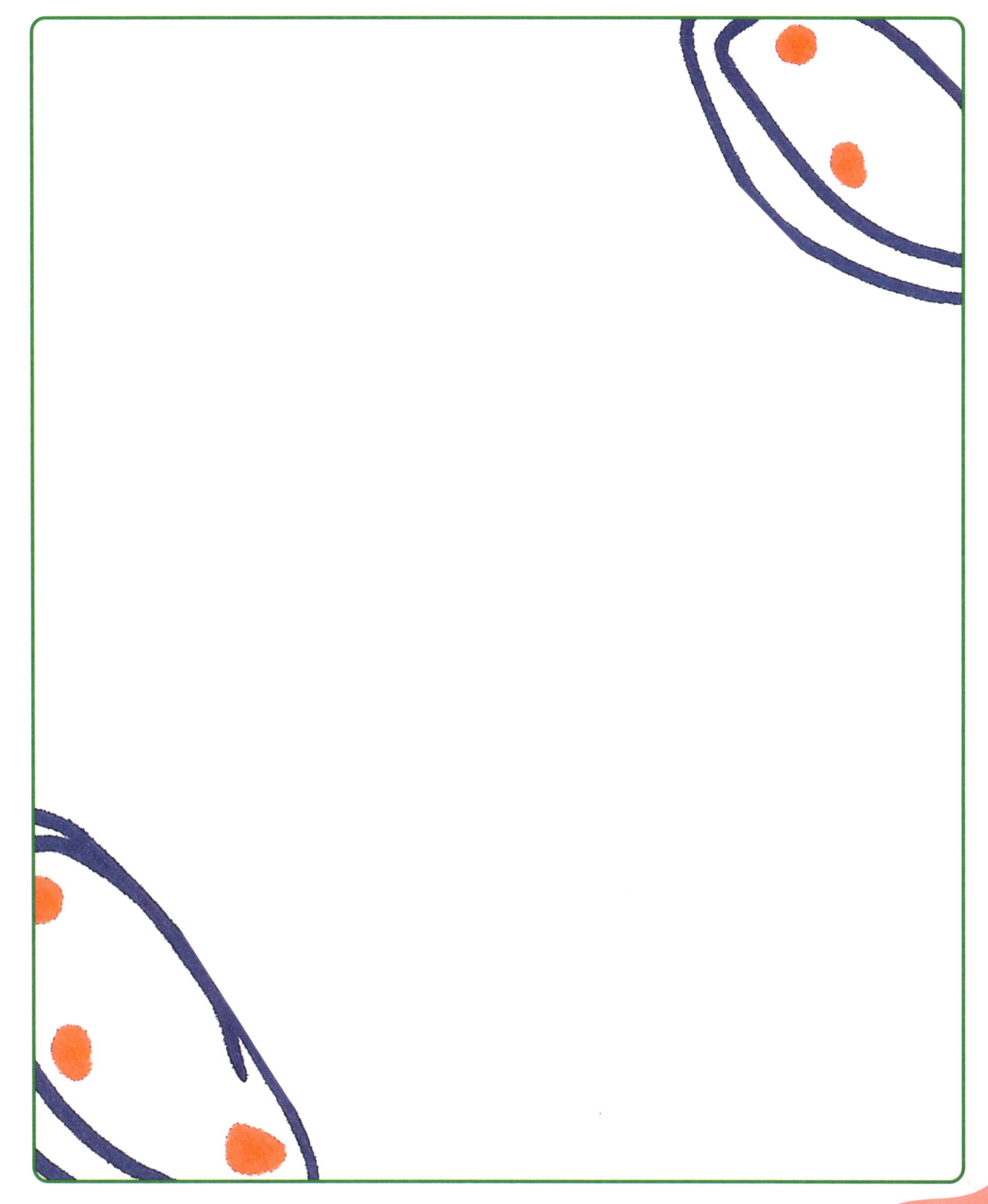

NA ESCOLA DE IARA, BENJAMIM E HELENA FOI FEITA UMA ENQUETE PARA DESCOBRIR QUAIS AS BRINCADEIRAS PREFERIDAS DAS CRIANÇAS.

VEJA O QUE ELES DESCOBRIRAM:

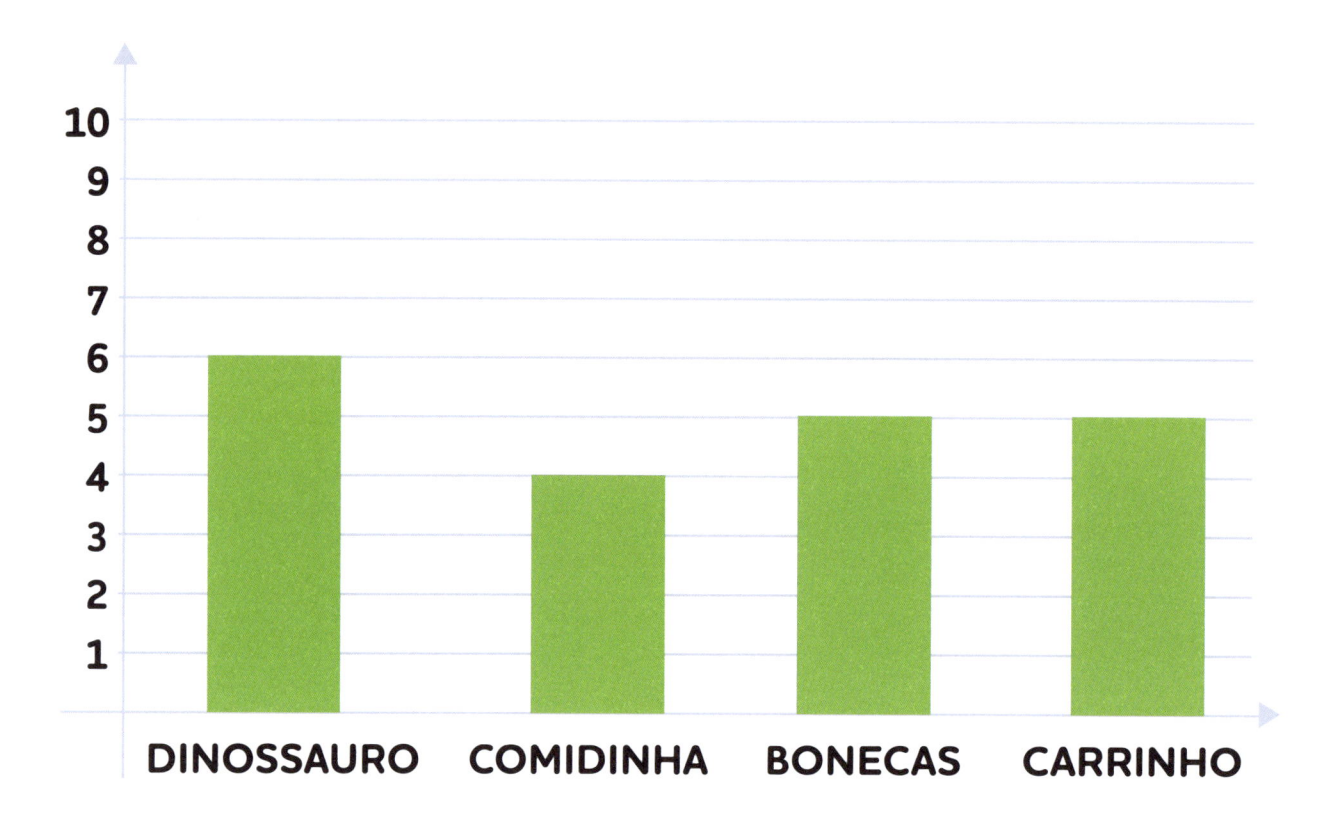

Brincadeira	Quantidade
DINOSSAURO	6
COMIDINHA	4
BONECAS	5
CARRINHO	5

E NA SUA TURMA? QUAIS SÃO AS BRINCADEIRAS PREFERIDAS? FAÇA UMA ENQUETE E REGISTRE AQUI O QUE VOCÊS DESCOBRIRAM.

[QUE TAL BRINCAR DE TODAS AS BRINCADEIRAS FAVORITAS DA TURMA E DESENHAR AQUI A QUE VOCÊ GOSTA MAIS?]

BRINCADEIRAS ANTIGAS

OBSERVE AS FOTOS: DO QUE ESTAS CRIANÇAS ESTÃO BRINCANDO? ESCREVA UMA LEGENDA PARA CADA FOTO.

[VOCÊ ACHA QUE ESSAS FOTOS SÃO DA ÉPOCA DOS SEUS PAIS, DOS SEUS AVÓS OU DOS SEUS BISAVÓS?]

[PERGUNTE PARA OS SEUS AVÓS DO QUE ELES BRINCAVAM QUANDO ERAM CRIANÇAS. PEÇA AJUDA PARA UM FAMILIAR PARA ANOTAR ESSAS INFORMAÇÕES AQUI.]

[DESENHE AQUI A BRINCADEIRA QUE VOCÊ APRENDEU COM OS AVÓS E MAIS GOSTOU.]

BRINCADEIRAS CANTADAS

QUE TAL BRINCAR COM BRINCADEIRAS DE RODA QUE SE BRINCAM DESDE O TEMPO DOS AVÓS E BISAVÓS?

CIRANDEIRO

Ó CIRANDEIRO, Ó CIRANDEIRO, Ó
A PEDRA DO TEU ANEL
BRILHA MAIS DO QUE O SOL
Ó CIRANDEIRO, Ó CIRANDEIRO, Ó
A PEDRA DO TEU ANEL
BRILHA MAIS DO QUE O SOL

COMO SE BRINCA:

AS CRIANÇAS FORMAM UMA RODA, DÃO AS MÃOS E GIRAM ENQUANTO CANTAM A CIRANDA.

BOI VAQUEIRO

BOI VAQUEIRO, BOI VAQUEIRO
DÊ LICENÇA DE PASSAR
CARREGADO DE FILHINHOS
PARA ACABAR DE CRIAR.

TRÊS, TRÊS, TRÊS PASSARÁ
DERRADEIRO FICARÁ.

TRÊS, TRÊS, TRÊS PASSARÁ
DERRADEIRO FICARÁ.

COMO SE BRINCA:

- DUAS CRIANÇAS FORMAM UMA PONTE, DANDO AS MÃOS E ESTICANDO OS BRAÇOS.

- EM SEGREDO, CADA UMA ESCOLHE UMA PALAVRA: PODEM SER DUAS CORES, DUAS FRUTAS, DOIS ANIMAIS. O IMPORTANTE É QUE AS OUTRAS CRIANÇAS NÃO PODEM OUVIR.

- AS OUTRAS CRIANÇAS FORMAM UMA FILA PARA IR PASSANDO EMBAIXO DA PONTE, DE NOVO E DE NOVO, ENQUANTO TODOS CANTAM "BOI VAQUEIRO".

- QUANDO A MÚSICA ACABA, A DUPLA DE CRIANÇAS DA PONTE PRENDE O ÚLTIMO QUE PASSAR.

- UMA DAS CRIANÇAS DA PONTE COCHICHA AS DUAS PALAVRAS NO OUVIDO DA CRIANÇA QUE FICOU PRESA.

- ELA ESCOLHE UMA E COCHICHA DE VOLTA.

- ELA ENTÃO FICA ATRÁS DA DONA DA PALAVRA ESCOLHIDA.

- NO FINAL, GANHA QUEM TIVER MAIS CRIANÇAS ATRÁS DE SI.

PÉ DE CHUCHU

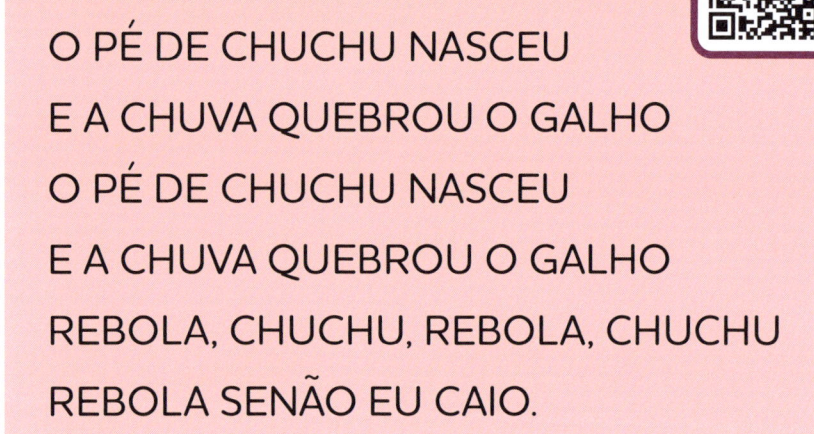

O PÉ DE CHUCHU NASCEU
E A CHUVA QUEBROU O GALHO
O PÉ DE CHUCHU NASCEU
E A CHUVA QUEBROU O GALHO
REBOLA, CHUCHU, REBOLA, CHUCHU
REBOLA SENÃO EU CAIO.

COMO SE BRINCA:

- AS CRIANÇAS FORMAM UMA RODA, DANDO AS MÃOS E GIRANDO ENQUANTO CANTAM A CANÇÃO.

- UMA CRIANÇA FICA NO CENTRO DA RODA, DANÇANDO.

- QUANDO SE DIZ O "EU CAIO", ELA SE ABAIXA.

[FAÇA UM DESENHO DA SUA TURMA BRINCANDO DE "PÉ DE CHUCHU".]

JACARÉ BOIÔ

EU SOU, EU SOU, EU SOU
EU SOU JACARÉ BOIÔ.
EU SOU, EU SOU, EU SOU
EU SOU JACARÉ BOIÔ.
SACODE O RABO, JACARÉ
SACODE O RABO, JACARÉ
EU SOU JACARÉ BOIÔ.

COMO SE BRINCA:

- AS CRIANÇAS FORMAM UMA RODA, GIRANDO ENQUANTO CANTAM A CANÇÃO DO JACARÉ BOIÔ.

- TODAS DEVEM DANÇAR IMITANDO UM JACARÉ SEM RABO, BALANÇANDO OS QUADRIS DE FORMA BEM EXAGERADA.

- DEPOIS FORMA-SE UMA FILA, QUE SAI NUM ZIGUEZAGUE ANIMADO PELA ESCOLA.

[COMO VOCÊ ACHA QUE É O JACARÉ BOIÔ? FAÇA O DESENHO DELE AQUI.]

EXPLORAR O ESPAÇO

CIRCUITOS

O DESAFIO QUE A PROFESSORA DEU PARA A TURMA DE BENJAMIM, IARA E HELENA FOI MONTAR UM CIRCUITO A PARTIR DESTE ESQUEMA:

[EXPERIMENTE MONTÁ-LO NA SUA ESCOLA!]

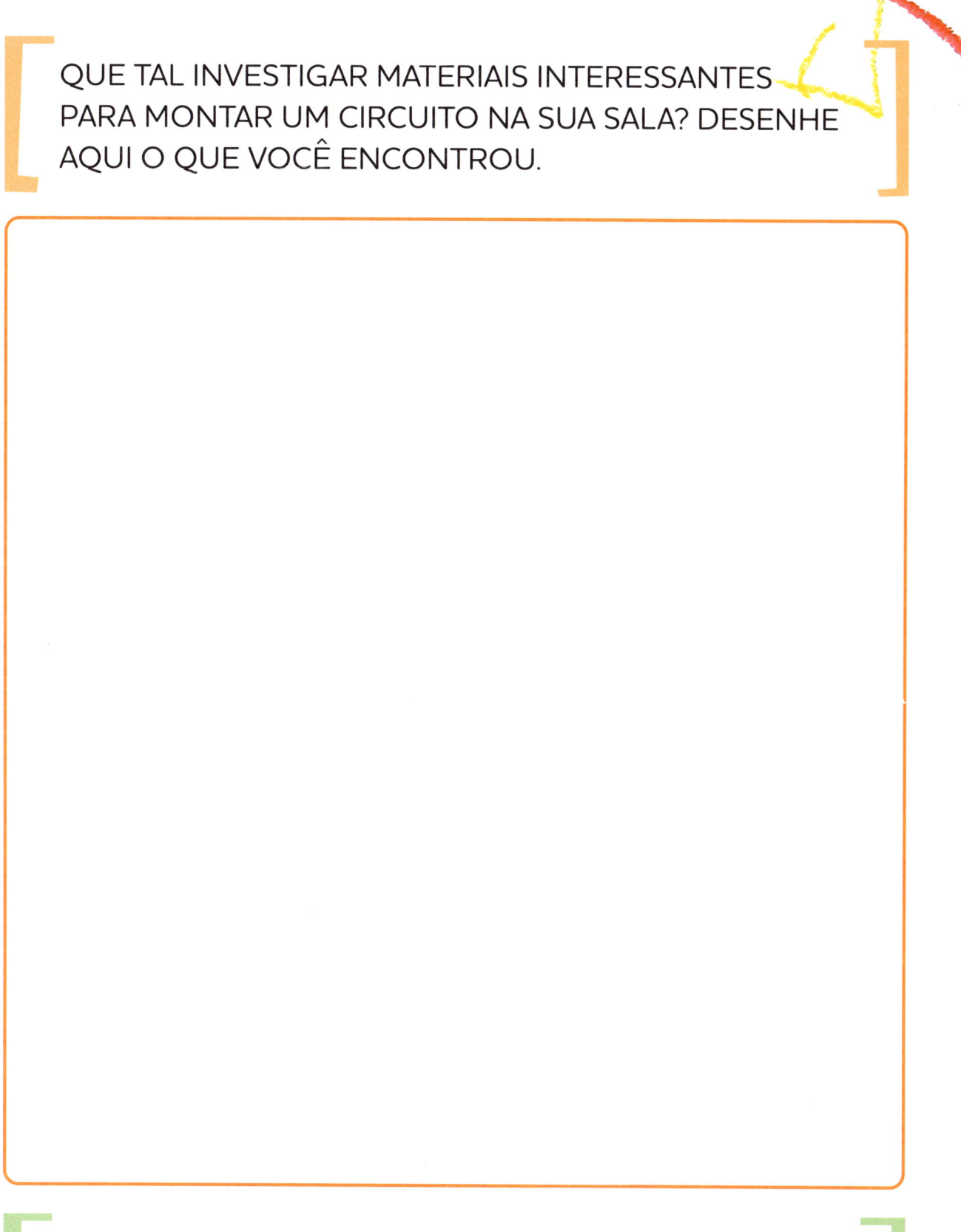

[QUE TAL INVESTIGAR MATERIAIS INTERESSANTES PARA MONTAR UM CIRCUITO NA SUA SALA? DESENHE AQUI O QUE VOCÊ ENCONTROU.]

[QUE TAL MONTAR UM CIRCUITO COM AS FIGURAS DA PÁGINA 173 E 175 ✂? RECORTE AS FIGURAS DO ANEXO E FAÇA UMA COLAGEM EM UMA FOLHA DE PAPEL SULFITE.]

NO OUTRO DIA, A PROFESSORA MONTOU DOIS GRUPOS NA SALA.

CONVIDOU O PRIMEIRO GRUPO PARA INVENTAR UM CIRCUITO PARA O PÁTIO COBERTO DA ESCOLA.

VEJA O DESENHO COM A PROPOSTA DESSE GRUPO:

[QUE TIPO DE MOVIMENTOS AS CRIANÇAS PODERIAM FAZER PARA PASSAR PELO CIRCUITO DO PÁTIO? DESENHE AQUI:]

CONVIDOU O SEGUNDO GRUPO PARA INVENTAR UM CIRCUITO PARA O PARQUINHO DA ESCOLA.

VEJA O CIRCUITO QUE ESSE GRUPO PROPÔS:

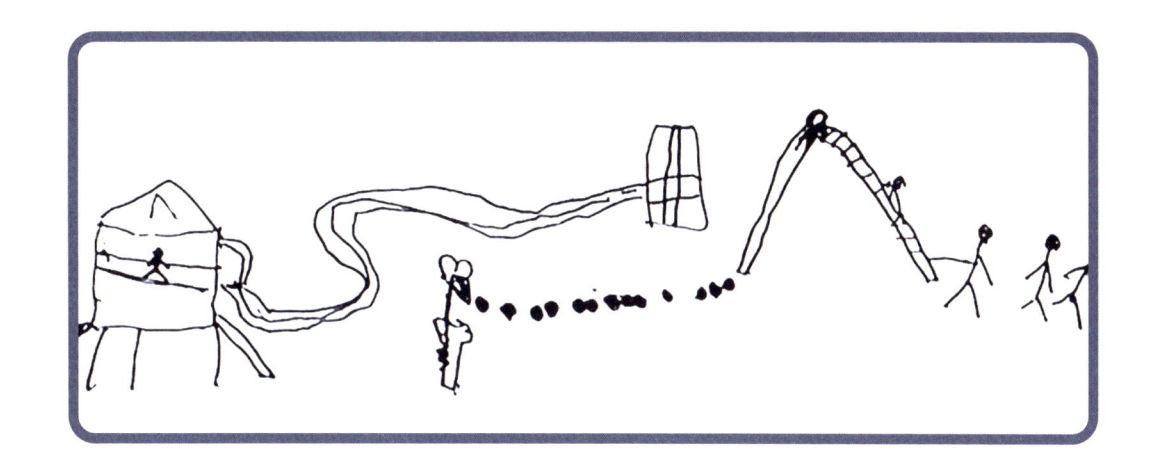

[E PARA PASSAR PELO CIRCUITO DO PARQUINHO, QUE MOVIMENTOS AS CRIANÇAS PODEM FAZER? DESENHE ABAIXO:]

[ESCOLHA ALGUNS DESTES CIRCUITOS PARA TESTAR E MONTAR NA SUA ESCOLA.]

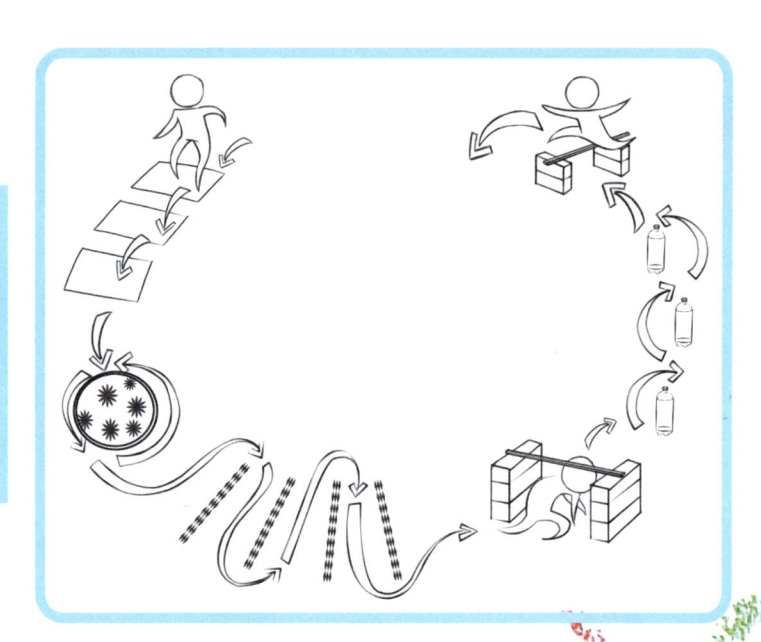

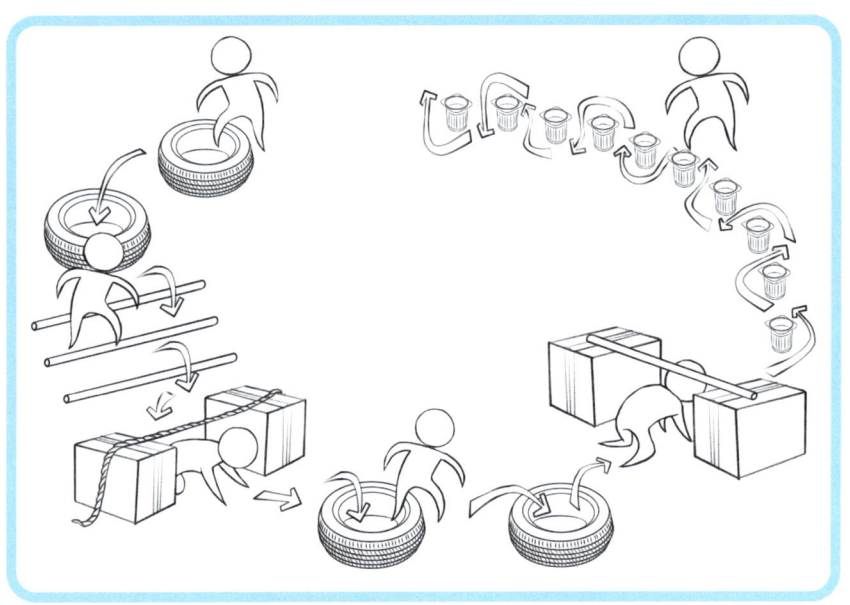

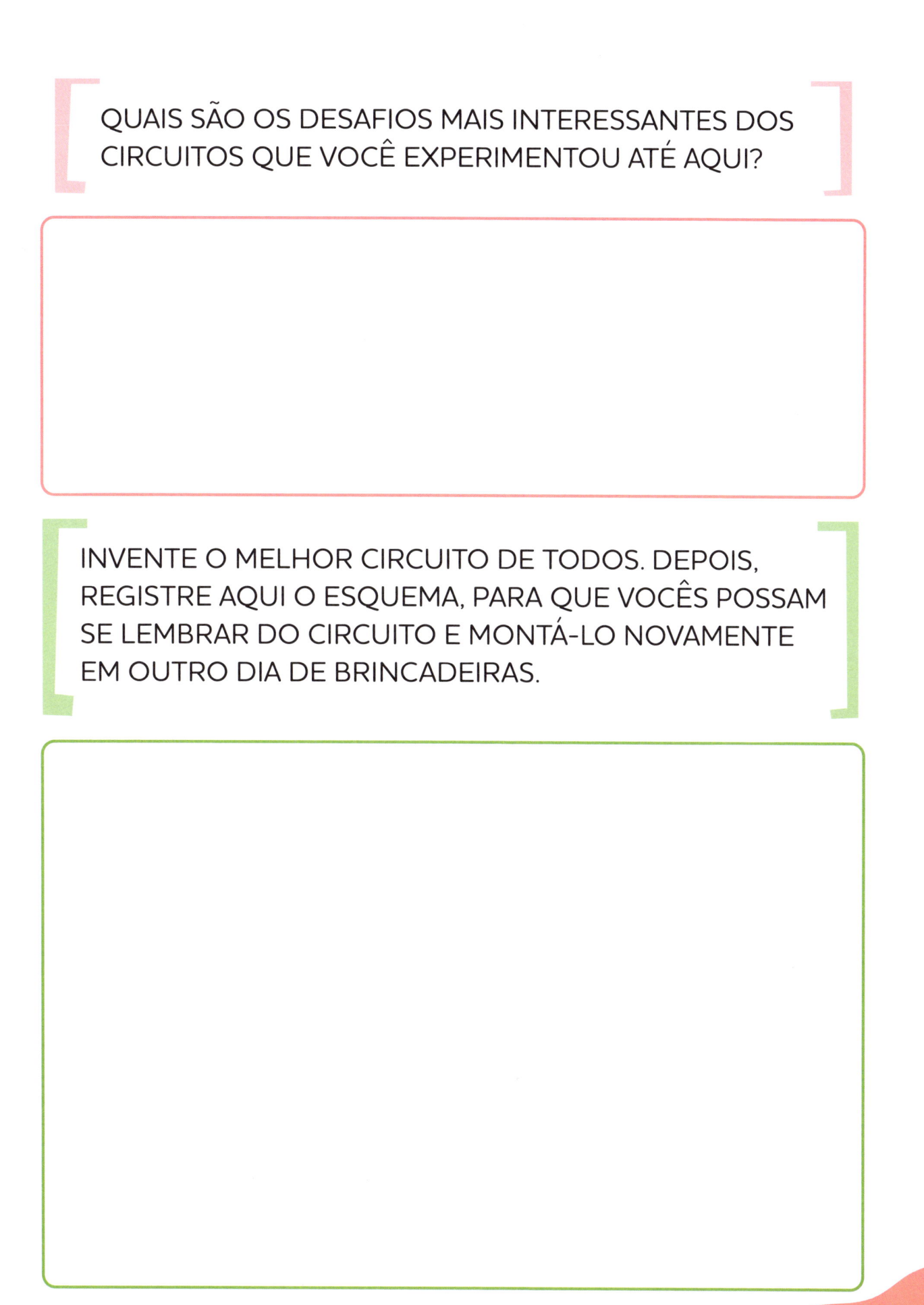

[**QUAIS SÃO OS DESAFIOS MAIS INTERESSANTES DOS CIRCUITOS QUE VOCÊ EXPERIMENTOU ATÉ AQUI?**]

[**INVENTE O MELHOR CIRCUITO DE TODOS. DEPOIS, REGISTRE AQUI O ESQUEMA, PARA QUE VOCÊS POSSAM SE LEMBRAR DO CIRCUITO E MONTÁ-LO NOVAMENTE EM OUTRO DIA DE BRINCADEIRAS.**]

MAPAS E CAMINHOS

HELENA, IARA E BENJAMIM ESTAVAM FAZENDO DE CONTA QUE ERAM EXPLORADORES DA SELVA E FIZERAM UM MAPA PARA MARCAR O CAMINHO DE AVENTURAS QUE IRIAM SEGUIR NA BRINCADEIRA:

[ESCREVA AQUI AS AVENTURAS QUE VOCÊ ACHA QUE ELES VIVERAM NO FAZ DE CONTA:]

NO DIA SEGUINTE, RESOLVERAM MUDAR O MAPA, PARA INCLUIR MAIS AVENTURAS:

[CRIE COM SEUS AMIGOS UM MAPA PARA INCRÍVEIS AVENTURAS DE FAZ DE CONTA.]

JOGOS DE CONSTRUÇÃO

AS CRIANÇAS DE 4 ANOS DE UMA ESCOLA GOSTAM MUITO DE FAZER CONSTRUÇÕES. PARA CONSTRUIR, UTILIZAM TUDO O QUE ESTÁ AO SEU ALCANCE.

[O QUE VOCÊ ACHA QUE ELES CONSTRUÍRAM? DESENHE NA IMAGEM COMO PODEM CONTINUAR ESSA CONSTRUÇÃO.]

[VEJA ESSA CONSTRUÇÃO COM PEDRAS QUE AS CRIANÇAS FIZERAM. QUAIS BRINQUEDOS VOCÊ PODERIA USAR PARA BRINCAR COM ESSA CONSTRUÇÃO? DESENHE AQUI.]

CONSTRUÇÃO COM CAIXAS E CANOS

MUITAS VEZES, AS CRIANÇAS DESSA ESCOLA CONSTROEM COM GRANDES OBJETOS, COMO CAIXAS E CANOS.

[DESENHE AQUI OUTRAS CRIANÇAS BRINCANDO COM AS CAIXAS.]

PÁGINA **CENTO E DEZOITO**

[É POSSÍVEL TAMBÉM FAZER GRANDES CONSTRUÇÕES COM CANOS DE PVC. RECORTE OS CANOS DA PÁGINA 177 ✂ DO ANEXO E MONTE AQUI SUA CONSTRUÇÃO COM CANOS.]

CONSTRUÇÃO COM FIGURAS GEOMÉTRICAS

[O QUE VOCÊ ACHA DE RECORTAR AS FORMAS QUE ESTÃO NAS PÁGINAS 179 E 181 E CONSTRUIR FIGURAS COMO ESSAS?]

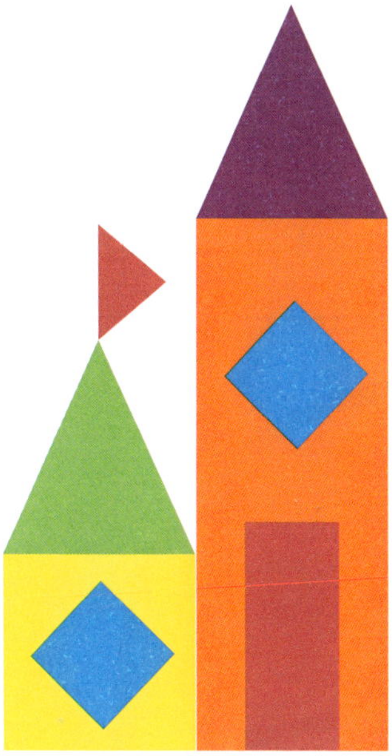

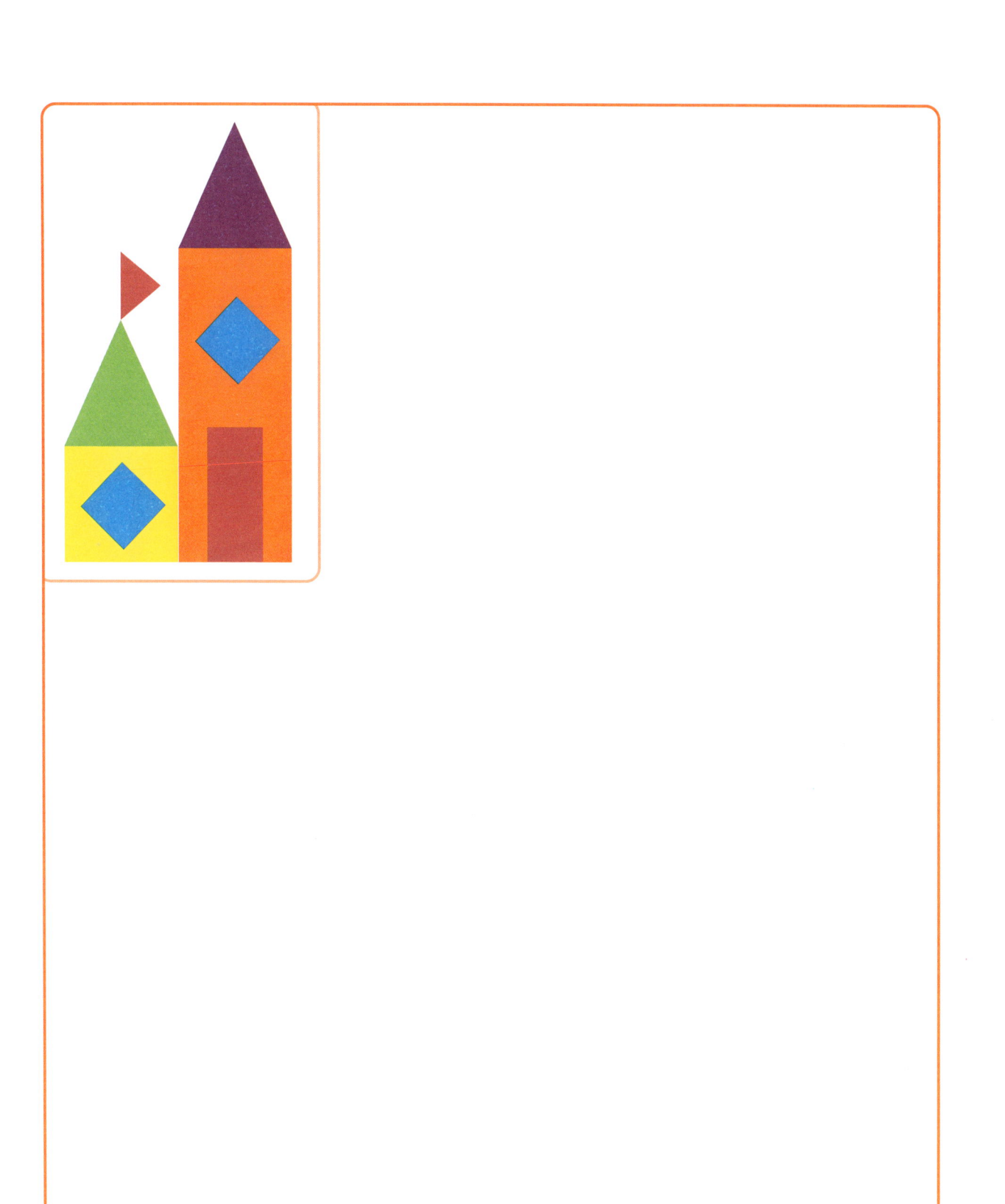

[RECORTE AS FIGURAS DAS PÁGINAS 183 E 185 DO ANEXO E VEJA QUAIS SERVEM PARA PREENCHER ESSES CONTORNOS.]

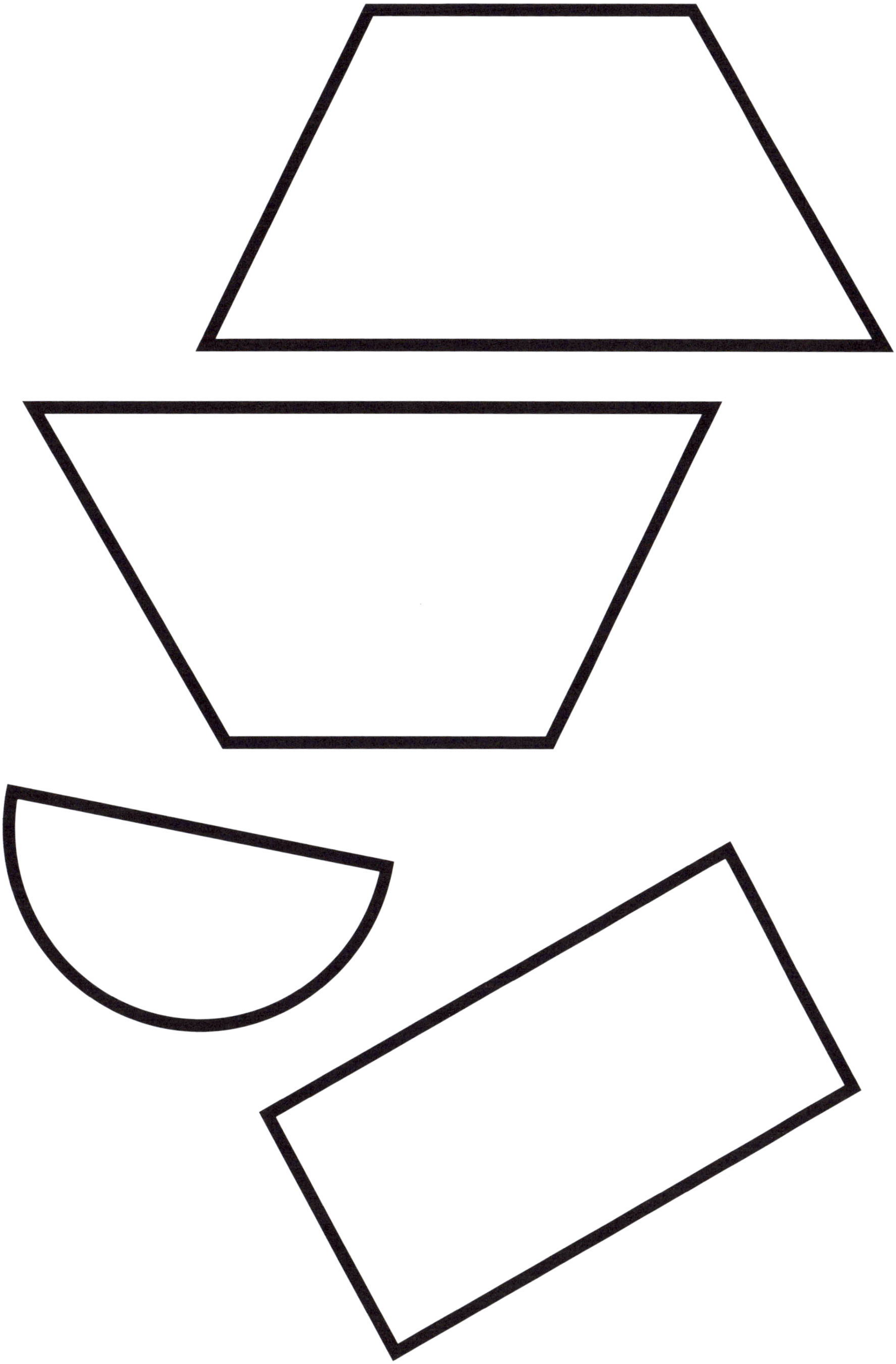

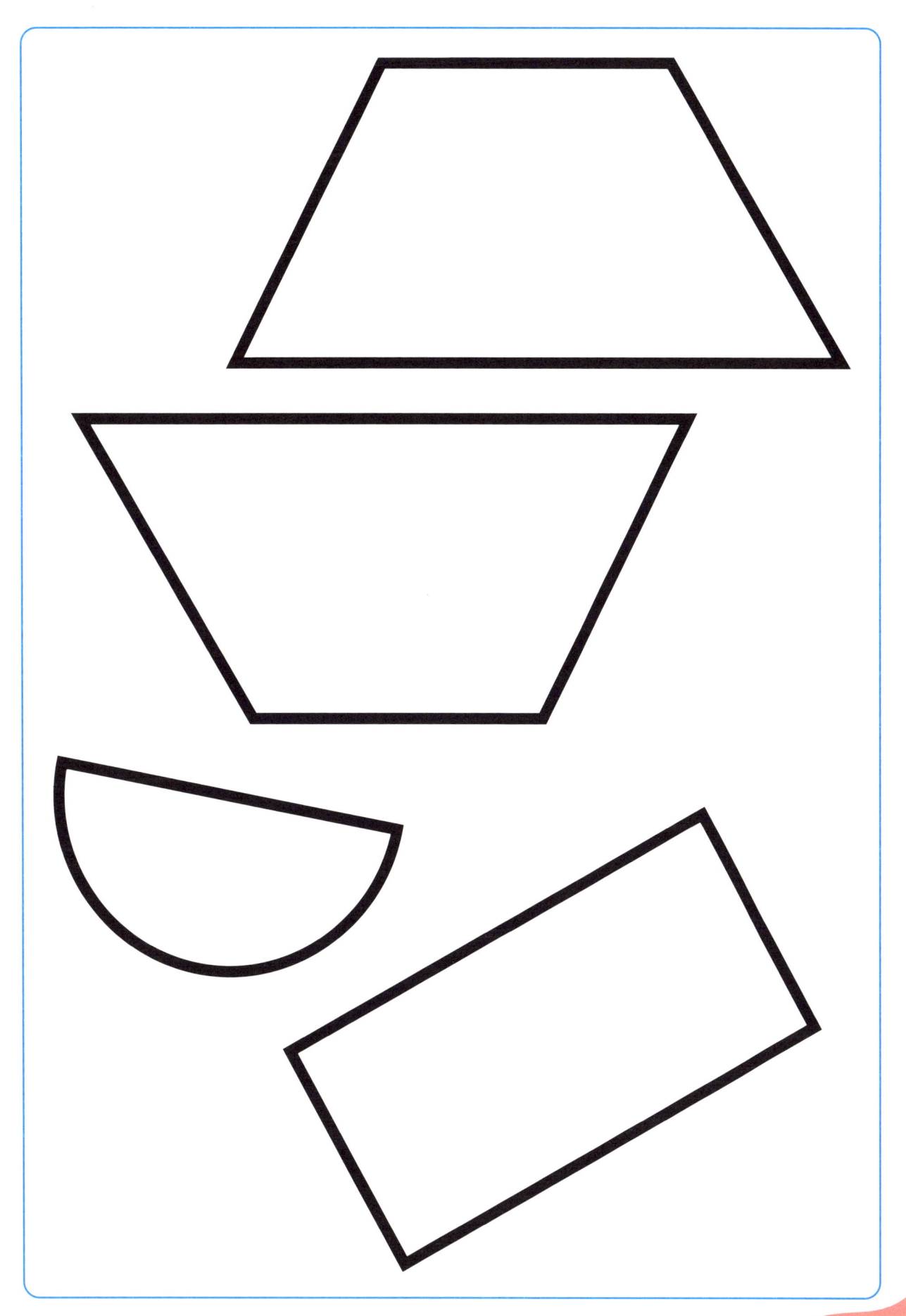

CONSTRUIR FIGURAS COM CARIMBOS

OUTRO JEITO DE CONSTRUIR É USANDO CARIMBOS. OS DESTA PÁGINA FORAM FEITOS COM BEXIGAS, CHEIAS COM UM POUCO D'ÁGUA E MOLHADAS NA TINTA GUACHE.

[QUE FIGURAS VOCÊ CONSEGUE VER NESSES CARIMBOS? QUE TAL DESENHAR USANDO ESSAS IMAGENS COMO FUNDO? DEPOIS, FAÇA SEUS PRÓPRIOS CARIMBOS.]

CARIMBOS FEITOS COM DESENHOS DE TINTA VERMELHA EM BATATAS CORTADAS AO MEIO.

JOGOS DE REGRAS

JOGO DO CARACOL

✅ MATERIAL
- 1 TABULEIRO
- 4 PEÕES DE CORES DIFERENTES
- 1 DADO

NÚMERO DE JOGADORES
- 2 A 4 JOGADORES

REGRAS DO JOGO

CADA JOGADOR COLOCA SEU PEÃO NA PARTE INFERIOR DO PERCURSO, ONDE ESTÁ ESCRITO SAÍDA.

NA SUA VEZ, O JOGADOR LANÇA O DADO E ANDA COM SEU PEÃO O NÚMERO DE CASAS INDICADO PELO DADO.

SE O PEÃO PARAR EM UMA CASA EM QUE HÁ UM ANIMAL DESENHADO, O JOGADOR PRECISA IMITAR AQUELE ANIMAL.

QUEM CHEGAR PRIMEIRO AO CENTRO DO CARACOL, GANHA O JOGO.

MACACO

CARANGUEJO

ONÇA-PINTADA

SAPO-CURURU

TARTARUGA

PORCO-DO-MATO

PÁGINA CENTO E VINTE E SETE

JOGO DO MATINTIM

☑ MATERIAL

- 1 TABULEIRO
- 4 PEÕES DE CORES DIFERENTES
- 1 DADO

NÚMERO DE JOGADORES

- 2 A 4 JOGADORES

REGRAS DO JOGO

CADA JOGADOR COLOCA SEU PEÃO NO BICO DO MATINTIM, NO ALTO DA PÁGINA.

NA SUA VEZ, O JOGADOR LANÇA O DADO E ANDA COM SEU PEÃO O NÚMERO DE CASAS INDICADO PELO DADO.

SE O PEÃO PARAR EM UMA CASA COR-DE-ROSA, AVANÇA 2 CASAS.

QUEM CHEGAR PRIMEIRO AO NÚMERO 25 GANHA O JOGO.

MATINTIM

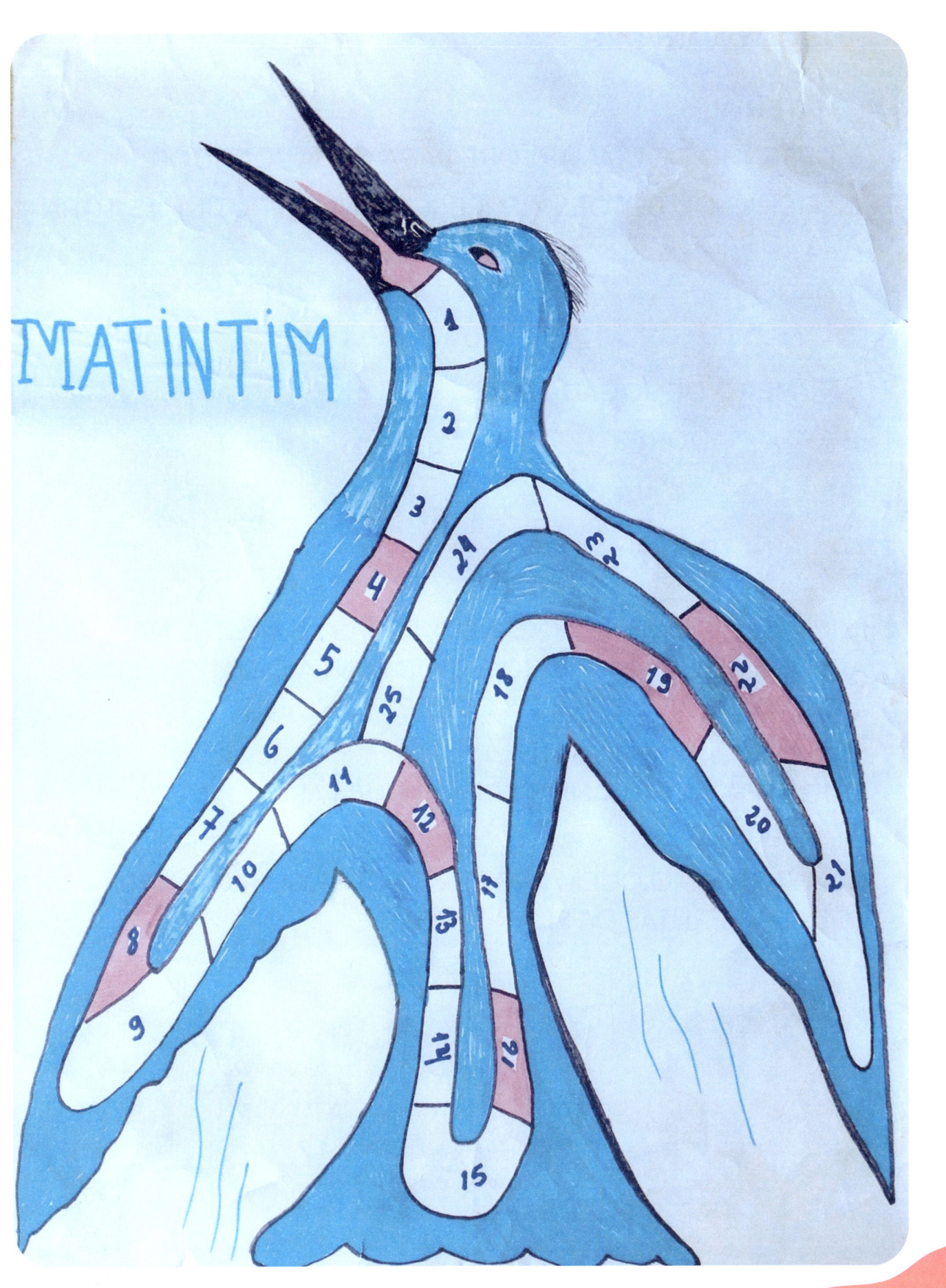

JOGO DA ÁRVORE

☑ MATERIAL

- 1 DESENHO DE UMA ÁRVORE PARA CADA JOGADOR
- 12 FICHAS OU BOTÕES, REPRESENTANDO FRUTINHAS, PARA CADA JOGADOR
- 1 DADO

NÚMERO DE JOGADORES

- 2 A 4 JOGADORES

REGRAS DO JOGO

INICIA-SE O JOGO COLOCANDO TODAS AS FRUTAS NA ÁRVORE. NA SUA VEZ, O JOGADOR LANÇA O DADO E COLHE A QUANTIDADE DE FRUTAS CORRESPONDENTE À QUE SAIU NO DADO.

O JOGO ACABA QUANDO TERMINAREM AS FRUTAS DA ÁRVORE.

GANHA O JOGO QUEM PRIMEIRO CONSEGUIR COLHER TODAS AS FRUTAS DA SUA ÁRVORE.

PÁGINA **CENTO E TRINTA E UM**

TODOS SE FORAM

✓ MATERIAL

- 4 PRATINHOS
- 60 FICHAS OU TAMPINHAS DE GARRAFA
- 1 DADO

NÚMERO DE JOGADORES

- 2 A 4 JOGADORES

REGRAS DO JOGO

CADA JOGADOR PEGA UM PRATINHO E COLOCA 15 FICHAS OU TAMPINHAS DE GARRAFA.

NA SUA VEZ, JOGA O DADO E TIRA DO PRATINHO A QUANTIDADE DE FICHAS CORRESPONDENTE À QUE SAIU NO DADO.

QUEM ESVAZIAR SEU PRATINHO PRIMEIRO DIZ "TODOS SE FORAM" E VENCE.

OS PASSARINHOS

✓ MATERIAL

- 1 COPO DE PLÁSTICO
- PAPEL E LÁPIS
- 18 FICHAS CONFECCIONADAS COM TAMPAS DE GARRAFA COM IMAGENS DE PASSARINHOS EM UM DOS LADOS

NÚMERO DE JOGADORES

- 4 JOGADORES

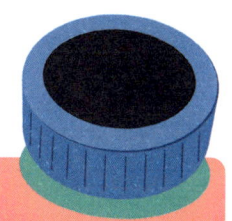

REGRAS DO JOGO

CADA GRUPO ESCOLHE UM JOGADOR PARA SER O ENCARREGADO DE ANOTAR OS PONTOS OBTIDOS PELOS DEMAIS.

A CADA PARTIDA, O RESPONSÁVEL POR ANOTAR OS PONTOS DEVE SER TROCADO.

DISTRIBUI-SE IGUALMENTE AS 18 FICHAS ENTRE OS 3 JOGADORES (6 PARA CADA UM).

NA SUA VEZ, O JOGADOR COLOCA SUAS FICHAS EM UM COPO E SACODE BEM PARA MISTURÁ-LAS. DEPOIS AS LANÇA SOBRE A MESA.

CADA PASSARINHO OBTIDO É UM PONTO PARA O JOGADOR.

AS FACES SEM DESENHO NÃO MARCAM PONTO.

GANHA QUEM FIZER MAIS PONTOS AO FINAL DE 3 RODADAS.

BATALHA

✅ MATERIAL
- 10 CARTAS NUMERADAS DE 1 A 10

🧍 NÚMERO DE JOGADORES
- 2 A 4 JOGADORES

🤖 REGRAS DO JOGO

EMBARALHAM-SE AS CARTAS E AS DISTRIBUI ENTRE OS JOGADORES.

CADA JOGADOR COLOCA SUAS CARTAS EM UM MONTE COM OS NÚMEROS VIRADOS PARA BAIXO.

AO MESMO TEMPO, TODOS OS JOGADORES VIRAM A PRIMEIRA CARTA DE SEU MONTE.

O JOGADOR QUE VIRAR A CARTA DE MAIOR VALOR FICA COM TODAS ELAS.

SE DER EMPATE, ISTO É, SE ALGUNS VIRAREM OS MESMOS NÚMEROS, OS JOGADORES QUE EMPATARAM VIRAM UMA NOVA CARTA.

A PARTIDA TERMINA QUANDO NÃO HOUVER MAIS CARTAS PARA JOGAR.

O VENCEDOR É O JOGADOR QUE CONSEGUIR JUNTAR A MAIOR QUANTIDADE DE CARTAS.

GLOSSÁRIO

LEGENDA: LEGENDA É UM PEQUENO TEXTO QUE DESCREVE OU EXPLICA ILUSTRAÇÕES OU FOTOGRAFIAS. USAMOS LEGENDAS PARA ESCLARECER OU EXPLICAR ALGO QUE APARECE NAS IMAGENS OU PARA DAR NOME A ELAS.

CIRCUITO: CIRCUITOS MOTORES SÃO CAMINHOS COMPLICADOS, QUE COMEÇAM E TERMINAM NO MESMO LUGAR OU BEM PERTINHO. NOS CIRCUITOS TEM MUITOS DESAFIOS, E PARA ENFRENTÁ-LOS PRECISAMOS FAZER MOVIMENTOS DIFERENTES.

MAPA: UM MAPA É UM DESENHO QUE MOSTRA OS LUGARES ONDE AS COISAS ESTÃO. O MAPA DO NOSSO PLANETA TERRA PODE SER APRESENTADO EM UMA FOLHA DE PAPEL, MAS TAMBÉM SOBRE UMA SUPERFÍCIE REDONDA COMO UMA BOLA. NESSE CASO, CHAMAMOS O MAPA DA TERRA DE GLOBO TERRESTRE.

CARIMBO: QUANDO PASSAMOS TINTA EM UM OBJETO E O APOIAMOS NO PAPEL PRODUZIMOS UMA MARCA, UM CARIMBO. COM O CARIMBO PODEMOS FAZER MARCAS PARECIDAS, PARA UM DESENHO OU UMA PINTURA. AS PESSOAS ADULTAS USAM OS CARIMBOS PARA MARCAR DOCUMENTOS IMPORTANTES.

REGRAS DE JOGO: PARA SABER COMO SE JOGA UM JOGO, PRECISAMOS LER SUAS REGRAS. AS REGRAS EXPLICAM QUE MATERIAL FAZ PARTE DO JOGO, QUANTAS PESSOAS PODEM JOGAR, COMO SE JOGA E COMO SE GANHA.

PÁGINA **CENTO E TRINTA E SEIS**

UNIDADE 4

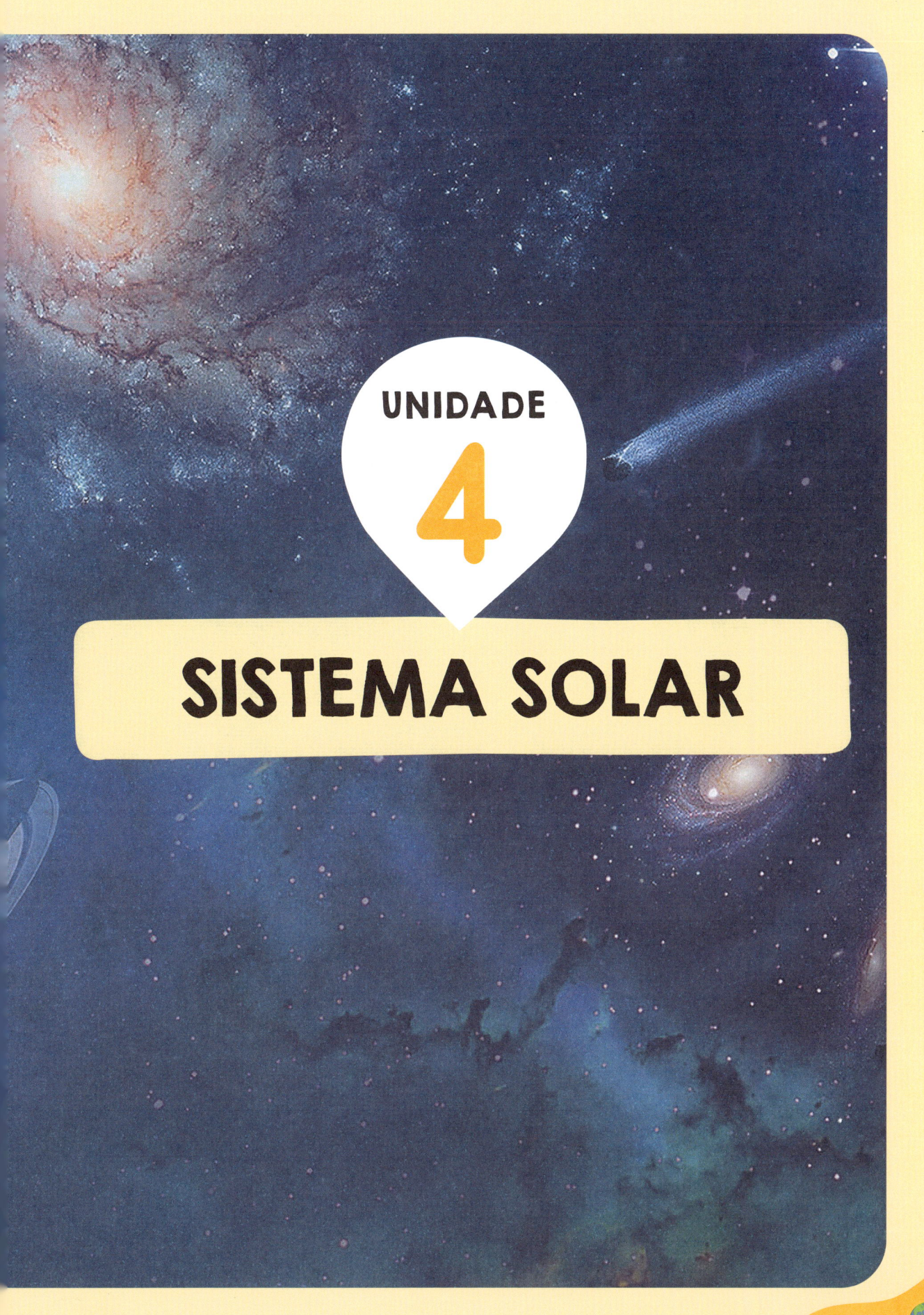

SISTEMA SOLAR

NUM BRINQUEDO GIRA-GIRA VOCÊ E SEUS AMIGOS PODEM GIRAR, GIRAR E GIRAR.

O PLANETA EM QUE A GENTE MORA SE CHAMA TERRA. A TERRA É REDONDA, COMO UMA BOLA. E GIRA, GIRA EM TORNO DO SOL E DELA MESMA.

POR QUE SERÁ QUE A GENTE NÃO CAI QUANDO O PLANETA GIRA?

A TERRA E A LUA VISTAS DO ESPAÇO.

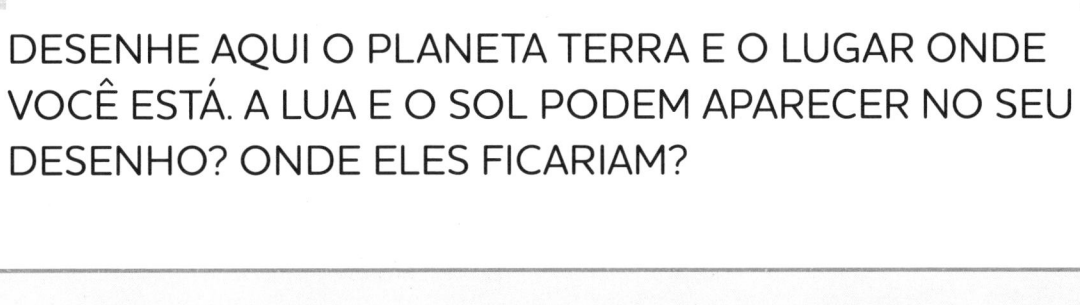

[DESENHE AQUI O PLANETA TERRA E O LUGAR ONDE VOCÊ ESTÁ. A LUA E O SOL PODEM APARECER NO SEU DESENHO? ONDE ELES FICARIAM?]

POR QUE SERÁ QUE A LUA FICA GIRANDO EM VOLTA DA TERRA E NÃO CAI NO NOSSO PLANETA?

A TERRA GIRA EM TORNO DO SOL.

ELA DEMORA UM ANO PARA DAR UMA VOLTA COMPLETA.

E A TERRA GIRA EM TORNO DELA MESMA, COMO UM PEÃO.

ELA DEMORA UM DIA PARA DAR UMA VOLTA COMPLETA EM TORNO DELA MESMA.

A LUA GIRA EM TORNO DA TERRA.

ELA LEVA 28 DIAS PARA DAR UMA VOLTA COMPLETA EM VOLTA DA TERRA. TEMPO DA LUA CHEIA DE NOVO.

[OBSERVE A LUA NO CÉU POR 4 SEMANAS E DESENHE A FORMA COMO ELA ESTÁ.]

SEMANA 1

SEMANA 2

SEMANA 3

SEMANA 4

TEM OUTROS PLANETAS GIRANDO EM TORNO DO SOL.
SÃO OITO OS PLANETAS DO SISTEMA SOLAR.

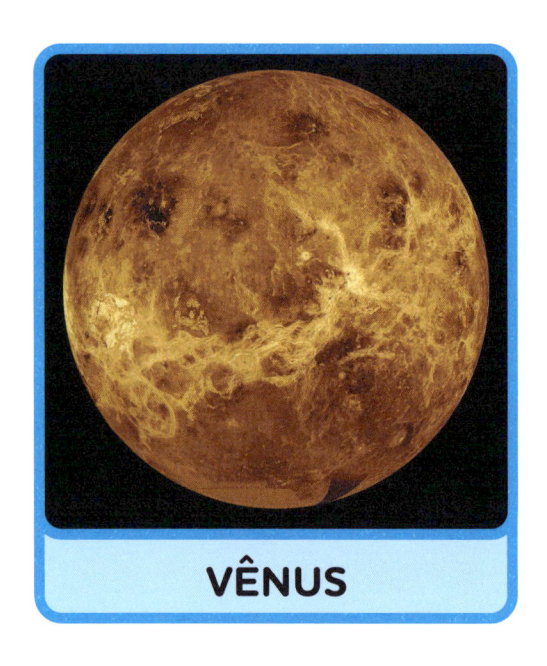

MERCÚRIO

VÊNUS

TERRA

MARTE

O PLANETA VÊNUS APARECE NO CÉU, BEM PERTINHO DA LUA, QUANDO ANOITECE. PARECE UMA ESTRELA E, POR ISSO, CHAMAMOS VÊNUS DE ESTRELA DALVA. COLOQUE VÊNUS NO SEU DESENHO DA PÁGINA 139 🌎.

SATURNO

JÚPITER

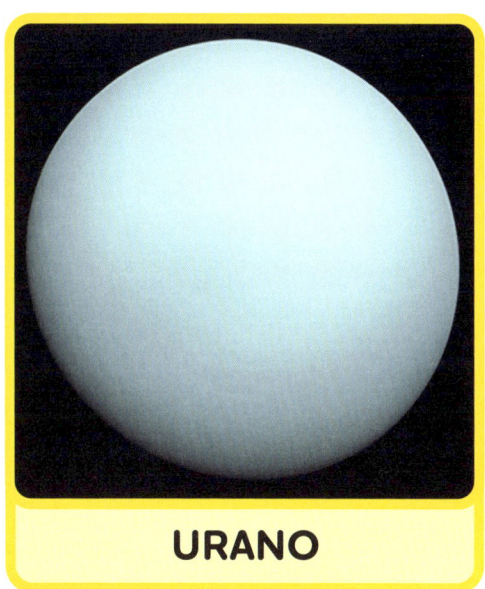

URANO

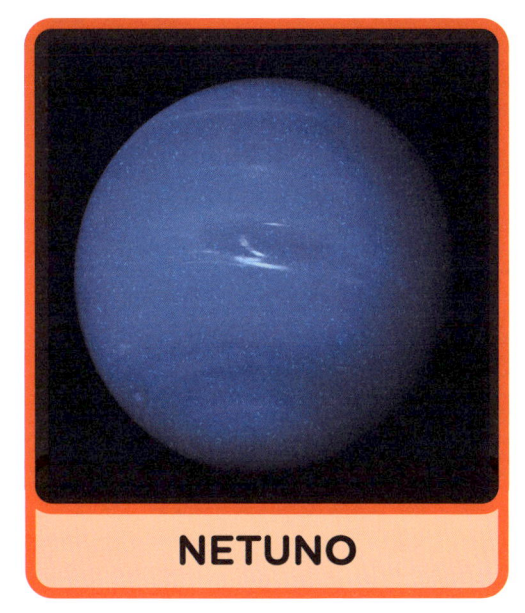

NETUNO

VOCÊ VIU COMO OS PLANETAS PARECEM BOLAS? TODOS ESSES PLANETAS GIRAM EM VOLTA DO SOL.

[DESENHE AQUI OS OITO PLANETAS GIRANDO EM VOLTA DO SOL.]

JÁ FORAM DESCOBERTAS 82 LUAS DE SATURNO. UMA DESTAS LUAS TEM O NOME DE TITÃ.

[DESENHE ALGUMAS LUAS DE SATURNO EM VOLTA DO PLANETA.]

SATURNO TEM MUITAS LUAS. AQUI NA TERRA, NÓS SÓ TEMOS UMA.

MAS, SE SÓ TEMOS UMA, PORQUE QUANDO A GENTE ANDA À NOITE, DE CARRO OU A PÉ, PARECE QUE A LUA SEGUE A GENTE?

[EXPERIMENTE ANDAR COM SUA FAMÍLIA À NOITE E VER SE A LUA PARECE SEGUIR VOCÊS. DESENHE AQUI ESSE PASSEIO.]

JULIA, UMA CRIANÇA DE 4 ANOS, EXPLICOU ASSIM:

A LUA SEGUE A GENTE PORQUE ELA É QUEM MOSTRA OS CAMINHOS.

A LUA... NÉ... ELA JÁ FOI IMPEDIDA VÁRIAS VEZES... É... COM O SOL. AÍ A LUA FICA MAIS ALTA QUE O SOL PRA PODER OS DOIS NÃO BRIGAR.

PORQUE... É... A LUA JÁ TINHA NASCIDO ANTES DO SOL... AÍ COMEÇOU UMA BRIGA DE QUEM ERA MAIS VELHO... DAÍ POR ISSO QUE A LUA FOI PRA CIMA.

[E VOCÊ? POR QUE ACHA QUE A LUA PARECE NOS SEGUIR A NOITE?]

VOCÊ CONHECE ALGUMA LENDA DO SOL E DA LUA?

[LEIA ESTA LENDA DOS BAKAIRIS, INDÍGENAS DA REGIÃO DO ALTO XINGU.]

COMO O SOL E A LUA FORAM MORAR NO CÉU

CONTA A LENDA QUE HÁ MUITOS E MUITOS ANOS, O SOL E A LUA HABITAVAM NA TERRA E TINHAM COMO VIZINHOS OS PÁSSAROS SELVAGENS. ESSES PÁSSAROS POSSUÍAM MUITA ÁGUA ARMAZENADA EM POTES, O SOL E A LUA ESTAVAM SEDENTOS E PEDIRAM A ELES UM POUCO DESSA ÁGUA, QUE, DESCONFIADOS, LHES NEGARAM.

ENTÃO, SOL E LUA RESOLVERAM ROUBAR UM DOS POTES DE ÁGUA E SE ESCONDERAM EM UMA CABANA NA FLORESTA. OS PÁSSAROS FICARAM FURIOSOS, OS ENCONTRARAM E OS AMEAÇARAM COM SEUS GRANDES BICOS.

O SOL FOI FICANDO BRAVO, MUITO BRAVO, E ESQUENTANDO CADA VEZ MAIS. E, PARA SE PROTEGEREM DO CALOR, OS PÁSSAROS DESESPERADOS ABANAVAM-SE COM SUAS GRANDES ASAS, FAZENDO UMA VENTANIA TAMANHA QUE O SOL E A LUA SUBIRAM PARA O CÉU... ONDE VIVEM ATÉ HOJE.

OS ASTRÔNOMOS NOS EXPLICAM QUE NÓS AQUI DA TERRA SÓ PODEMOS VER O MESMO LADO DA LUA.

ESTE AQUI

PARA VER O OUTRO LADO DA LUA, SÓ INDO PARA LÁ DE FOGUETE, COMO OS ASTRONAUTAS.

VOCÊ ACHOU DIFERENTES OS DOIS LADOS DA LUA?

DESENHE AQUI UMA VIAGEM DE FOGUETE DA TERRA ATÉ A LUA:

O JAPÃO É UM PAÍS QUE, PARA NÓS DO BRASIL, FICA DO OUTRO LADO DO PLANETA TERRA.

NO JAPÃO, MUITAS CRIANÇAS FAZEM DORODANGO, QUE SÃO BOLAS DE ARGILA FEITAS COM AS DUAS MÃOS. VEJA COMO FICAM BONITAS:

MINHA AVÓ ESTÁ NO JAPÃO

EU ESTOU AQUI – SOFIA NA CRECHE

MINHA MÃE ESTÁ EM CASA

HIKARU – BRILHANTE
DORODANGO – BOLA DE ARGILA

COMO FAZER HIKARU DORODANGO – BOLA DE ARGILA BRILHANTE

1 PEGUE ARGILA EM SUAS MÃOS, APERTE PARA TIRAR A ÁGUA E VÁ GIRANDO ENTRE AS PALMAS DAS MÃOS ATÉ VIRAR UMA BOLA.

2 PEGUE TERRA PENEIRADA, PASSE EM VOLTA DA BOLA E VÁ GIRANDO NAS PALMAS DAS MÃOS.

3 QUANDO A BOLA ESTIVER SECA, PASSE MAIS TERRA SECA E PENEIRADA EM VOLTA DELA E VÁ GIRANDO NAS MÃOS ATÉ FICAR BRILHANTE.

4 REPITA DE NOVO O PASSO 3 ATÉ A BOLA FICAR DO JEITO QUE VOCÊ QUER.

5 COM UM PEDAÇO DE PANO VOCÊ PODE ESFREGAR SUA BOLA PARA BRILHAR AINDA MAIS.

[DESENHE COMO ESTÁ FICANDO SUA BOLA DE ARGILA BRILHANTE:]

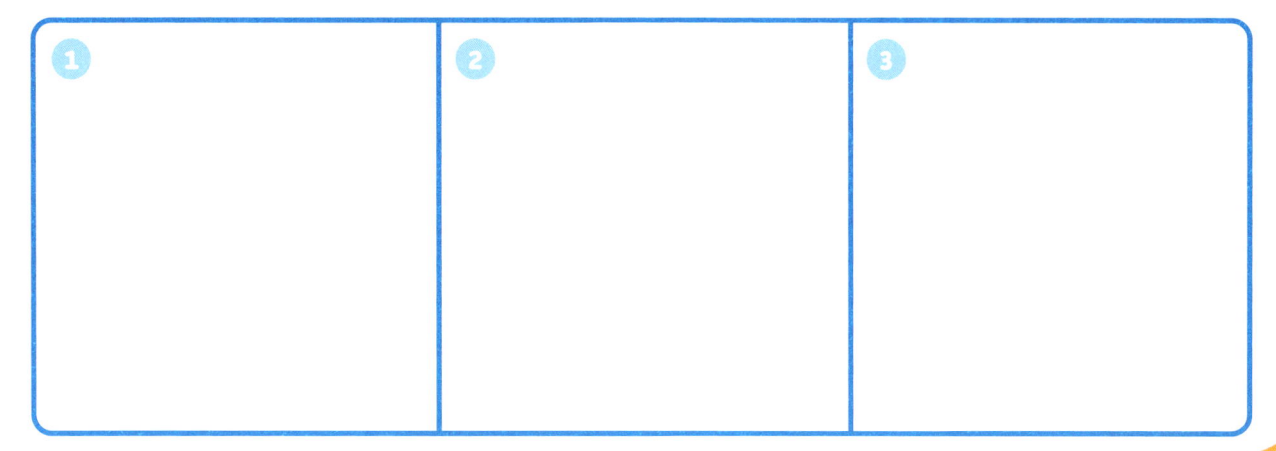

1	2	3

NÃO DÁ PARA JOGAR A BOLA DORODANGO PORQUE ELA QUEBRA.

MAS DÁ PARA FAZER BOLA DE MEIA, DE PAPEL, DE BARBANTE E JOGAR COM ELAS.

[EXPERIMENTE BRINCAR COM BOLAS EM LUGARES DIFERENTES: NA AREIA, NA GRAMA, NA SALA DE AULA. DEPOIS, DESENHE AQUI O CAMINHO QUE A BOLA FEZ NO CHÃO DURO E NA ESTEIRA.]

[DESENHE, NA GRAMA E NA AREIA, A LINHA QUE A BOLA QUE VOCÊ JOGOU FEZ NO CHÃO.]

[QUAIS BOLAS COLORIDAS VOCÊ QUER QUE FIQUEM GIRANDO EM TORNO DA OUTRA?

COM LÁPIS DE COR, VOCÊ PODE DESENHAR AQUI O MOVIMENTO QUE ELAS FAZEM:]

GLOSSÁRIO

ESTRELA: É UMA GRANDE BOLA QUE TEM UMA LUZ PRÓPRIA. DURANTE A NOITE PODEMOS VER MUITAS ESTRELAS NO CÉU, COMO PONTINHOS LUMINOSOS, UNS MAIORES, OUTROS MENORES. DE DIA, A LUZ DO SOL NÃO NOS DEIXA VER AS ESTRELAS, MAS ELAS ESTÃO LÁ.

SOL: É UMA ESTRELA MUITO, MUITO GRANDE QUE FICA NO CENTRO DO SISTEMA SOLAR. PLANETAS, COMO A TERRA, E SATÉLITES, COMO A NOSSA LUA, COMETAS E ATÉ POEIRA DE ESTRELAS GIRAM EM VOLTA DO SOL. DURANTE O DIA, O CALOR DO SOL CHEGA ATÉ A TERRA.

PLANETA: A PALAVRA PLANETA VEM DE PLANETES, EM GREGO, QUE SIGNIFICA O QUE VIAJA E FICA GIRANDO NO ESPAÇO. A TERRA É O PLANETA ONDE VIVEMOS. NOSSO PLANETA GIRA EM TORNO DO SOL.

LUA: É O SATÉLITE NATURAL DA TERRA E FICA GIRANDO EM VOLTA DO NOSSO PLANETA. A LUZ DO SOL REFLETE NA LUA E ELA PARECE PRATEADA E TEM FORMAS DIFERENTES PARA NÓS NA TERRA. A LUA É UMA BOLA QUE NÃO TEM LUZ PRÓPRIA.

SATÉLITE: É UM ASTRO QUE GIRA EM VOLTA DE UM PLANETA, COMO A LUA EM VOLTA DA TERRA. O PLANETA SATURNO TEM MUITAS LUAS, COMO A LUA TITÃ. JÚPITER TAMBÉM TEM MUITAS LUAS. A TERRA SÓ TEM UMA. MERCÚRIO E MARTE NÃO TÊM NENHUMA LUA OU SATÉLITE.

ANEXOS

PÁGINA **CENTO E CINQUENTA E SEIS**

ANEXO DAS PÁGINAS 71-79

PÁGINA **CENTO E CINQUENTA E SETE**

157

06

04

14

25

PÁGINA **CENTO E CINQUENTA E OITO**

ANEXO DAS PÁGINAS 71-79

PÁGINA CENTO E CINQUENTA E NOVE

159

05

16

20

27

PÁGINA **CENTO E SESSENTA**

ANEXO DAS PÁGINAS 71-79

PÁGINA CENTO E SESSENTA E UM

161

13   11

02   32

162   PÁGINA **CENTO E SESSENTA E DOIS**

ANEXO DAS PÁGINAS 71-79

PÁGINA CENTO E SESSENTA E TRÊS

163

08

07

22

28

PÁGINA **CENTO E SESSENTA E QUATRO**

ANEXO DAS PÁGINAS 71-79

PÁGINA **CENTO E SESSENTA E CINCO**

165

03

21

15

29

PÁGINA **CENTO E SESSENTA E SEIS**

ANEXO DAS PÁGINAS 71-79

PÁGINA **CENTO E SESSENTA E SETE**

167

10

17

26

19

PÁGINA **CENTO E SESSENTA E OITO**

ANEXO DAS PÁGINAS 71-79

PÁGINA CENTO E SESSENTA E NOVE

169

12

01

30

24

PÁGINA **CENTO E SETENTA**

ANEXO DAS PÁGINAS 71-79

PÁGINA **CENTO E SETENTA E UM** 171

09

18

23

31

PÁGINA **CENTO E SETENTA E DOIS**

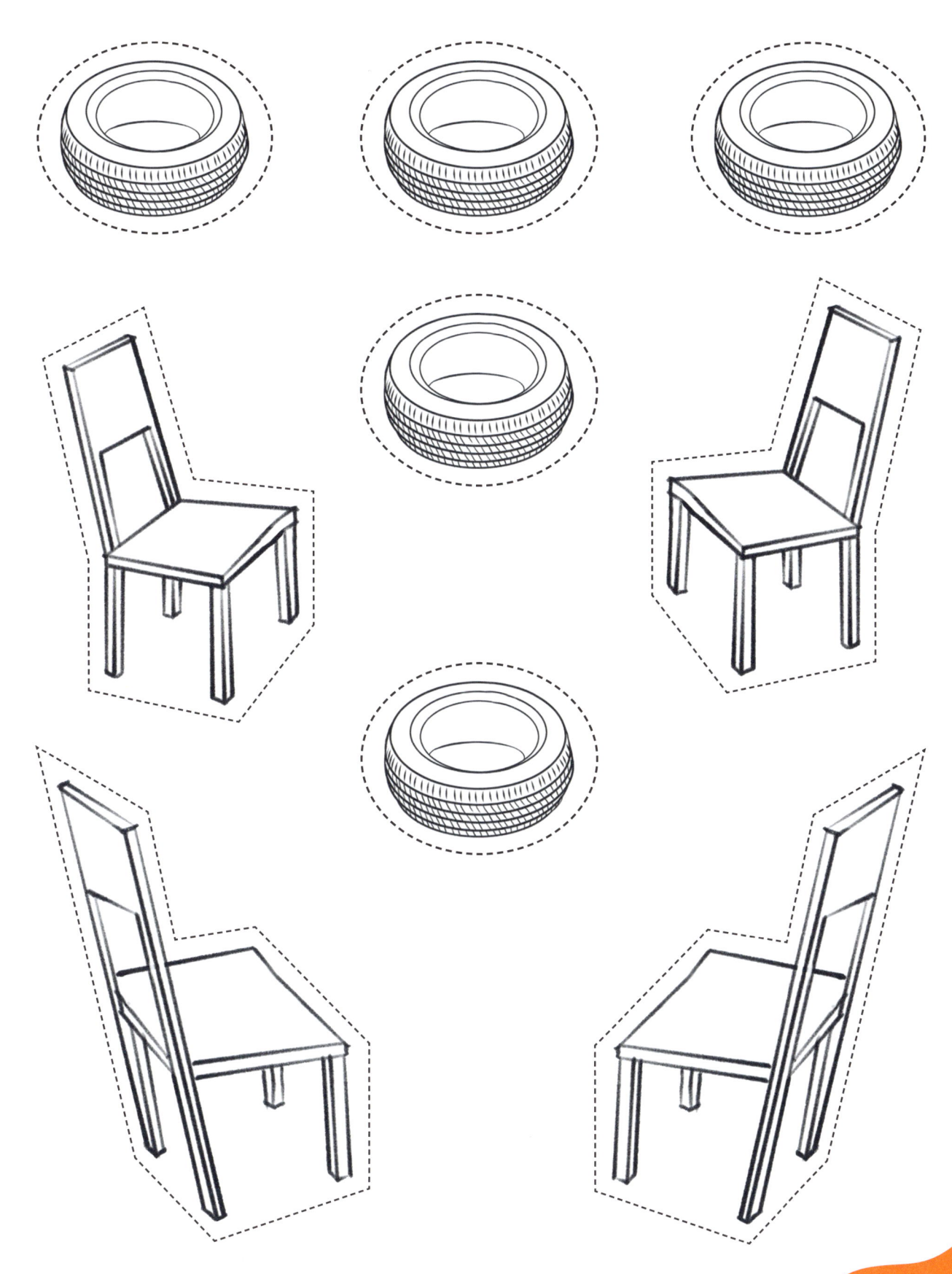

ANEXO DA PÁGINA 109

PÁGINA **CENTO E SETENTA E TRÊS** 173

PÁGINA **CENTO E SETENTA E QUATRO**

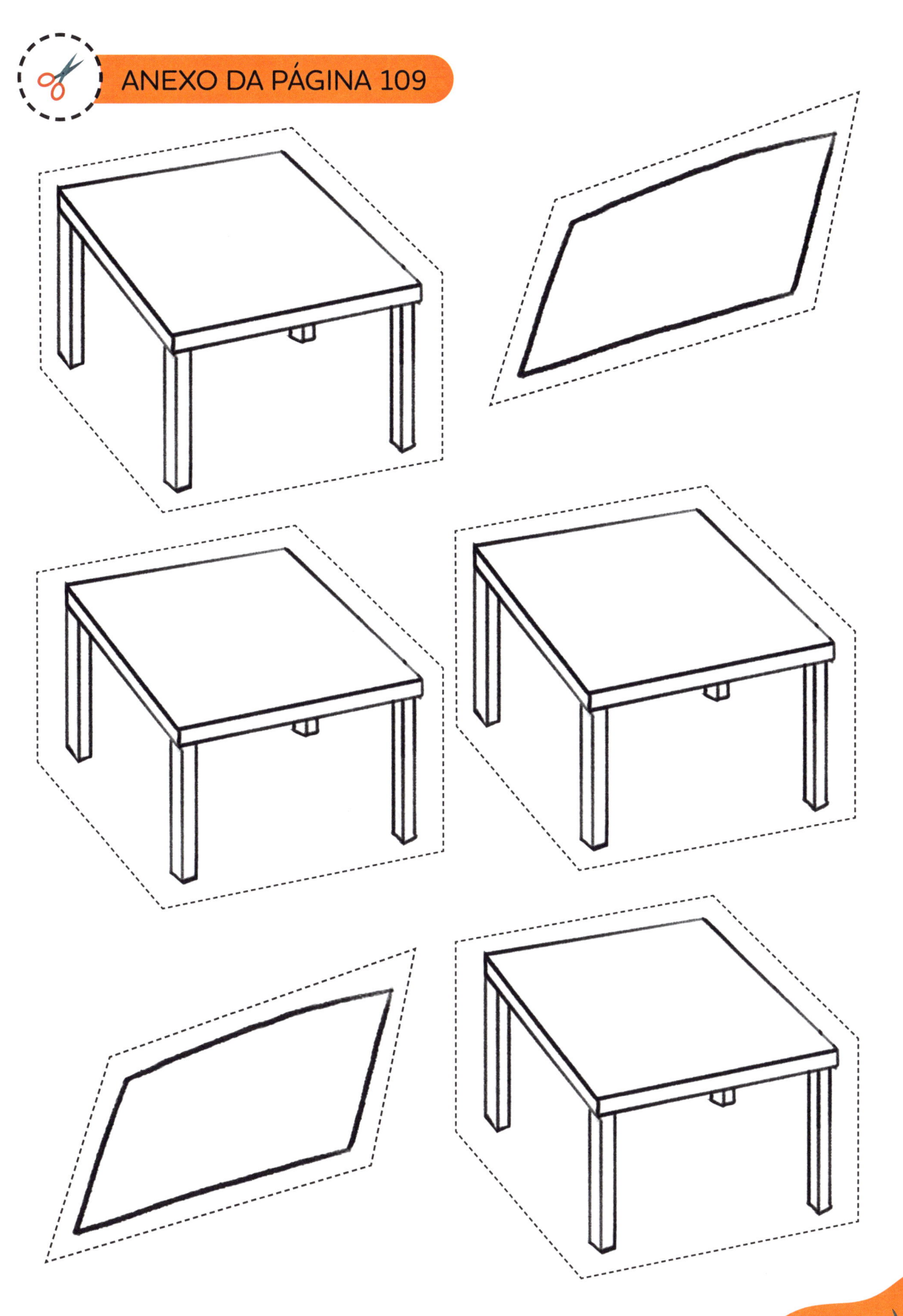

ANEXO DA PÁGINA 109

PÁGINA **CENTO E SETENTA E CINCO**

PÁGINA **CENTO E SETENTA E SEIS**

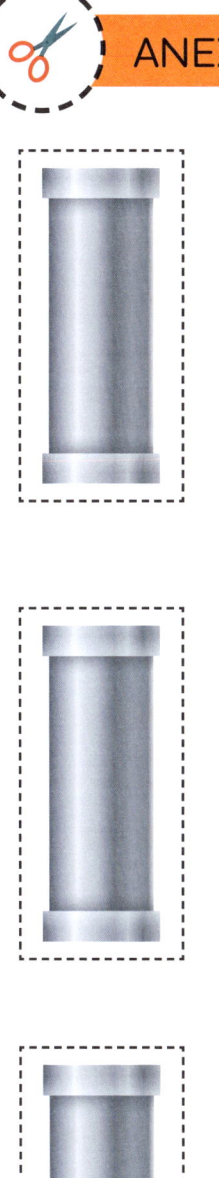

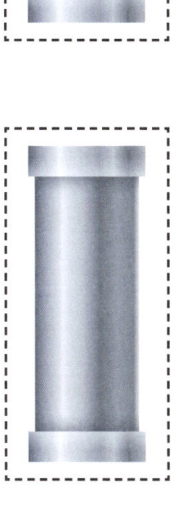

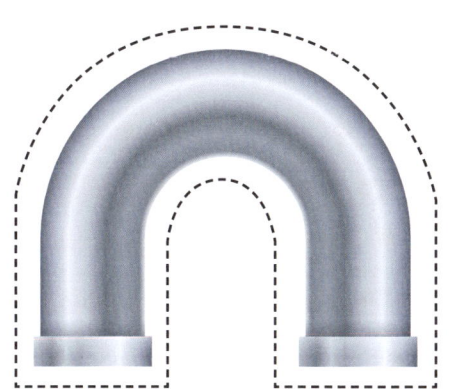

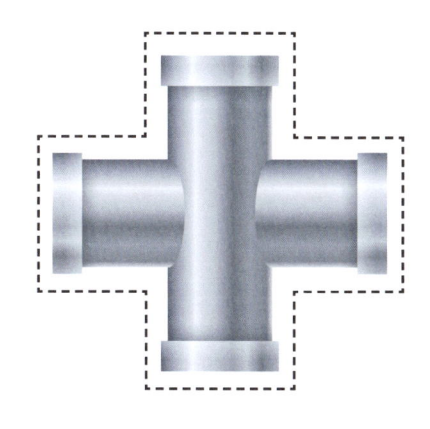

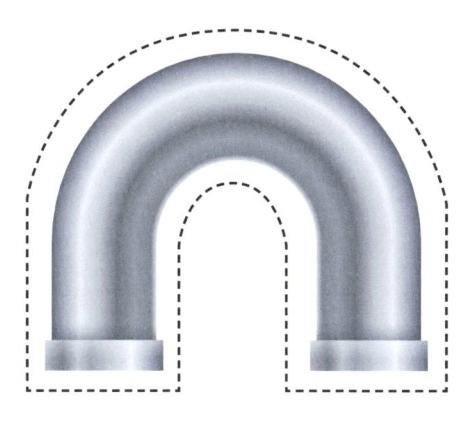

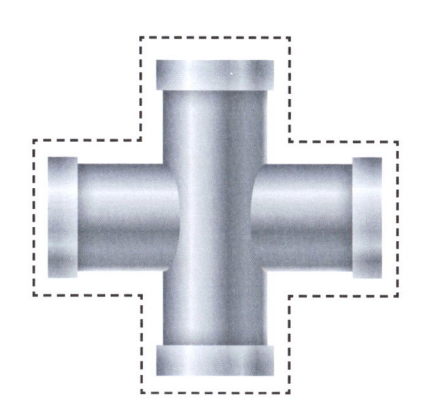

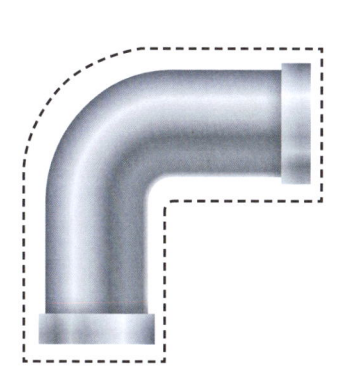

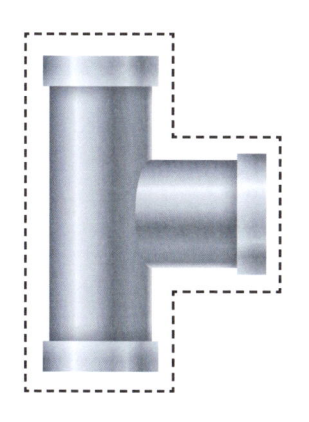

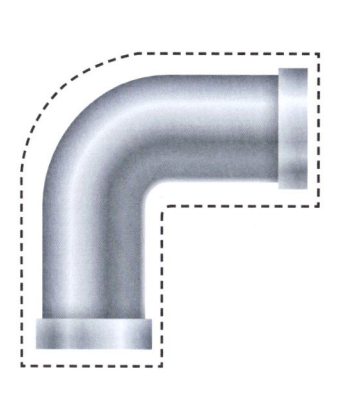

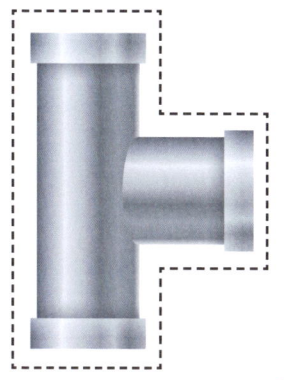

ANEXO DA PÁGINA 119

PÁGINA **CENTO E SETENTA E SETE**

177

PÁGINA **CENTO E SETENTA E OITO**

ANEXO DA PÁGINA 120-121

PÁGINA **CENTO E SETENTA E NOVE**

179

PÁGINA **CENTO E OITENTA**

ANEXO DA PÁGINA 120-121

PÁGINA **CENTO E OITENTA E DOIS**

ANEXO DA PÁGINA 122-123

PÁGINA **CENTO E OITENTA E TRÊS**

PÁGINA **CENTO E OITENTA E QUATRO**

ANEXO DA PÁGINA 122-123

PÁGINA **CENTO E OITENTA E CINCO** **185**

PÁGINA CENTO E OITENTA E SEIS

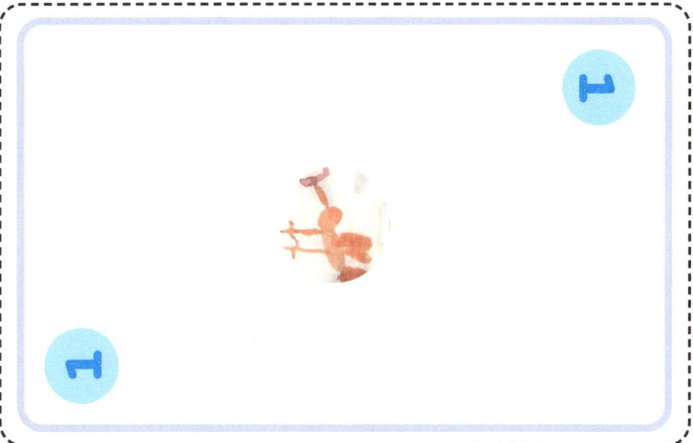

ANEXO DA PÁGINA 133-134

10

3

2

1

4

PÁGINA **CENTO E OITENTA E SETE**

PÁGINA **CENTO E OITENTA E OITO**

PÁGINA CENTO E OITENTA E NOVE

ANEXO DA PÁGINA 133-134

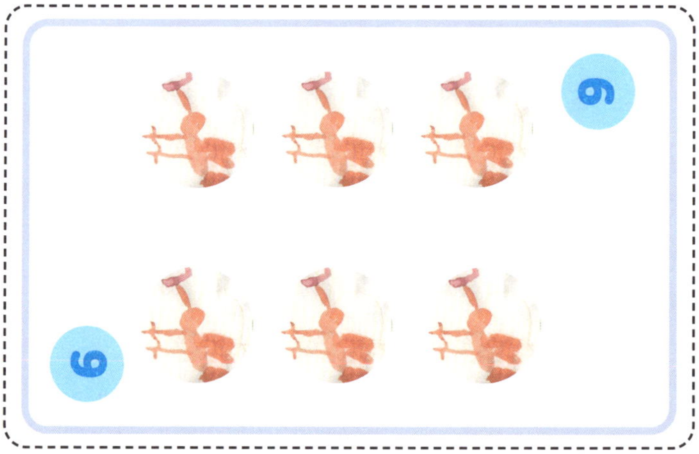

CRÉDITOS DAS IMAGENS

UNIDADE 1: p. 6, 7 - RPBaiao/Shutterstock. p. 9 - Acervo das autoras. p. 10 - Arvore: Gabrielbeiroy/Wikimedia Commons. Folhas: Krzysztof Ziarnek, Kenraiz/Wikimedia Commons. Fruto: Rodrigomorante/Wikimedia Commons. p. 11 - Arvore: Moacir Ximenes/Wikimedia Commons. p. 11 – Folha: Scott Zona/Wikimedia Commons. Fruto: AnaChina/Wikimedia Commons. Plano de fundo: Acervo das autoras. p. 12 - Arvore: bonamico/Wikimedia Commons. Flor: Krzysztof Ziarnek, Kenraiz/Wikimedia Commons. Fruto: Keith Weller/Wikimedia Commons. Plano de fundo: Acervo das autoras. p. 13 - Arvore: Mauro Halpern/Flickr. Folhas: Marco Schmidt/Wikimedia Commons. Fruto: Rachad sanoussi/Wikimedia Commons. Plano de fundo: Acervo das autoras. p. 14 - Arvore: Alejandro Bayer Tamayo/Wikimedia Commons. Folha: João Medeiros/Wikimedia Commons. Fruto: Aqiao HQ/Wikimedia Commons. p. 15 - Denis A. C. Conrado/Wikimedia Commons. p. 16 - Arvore, Flor e Folha: Alejandro Bayer Tamayo/Wikimedia Commons. Plano de fundo: Acervo das autoras. p. 17 - Planta: Eleanor Chen/Unsplash. Flor branca: K.vliet/Wikimedia Commons. Flor roxa: Puusterke/Wikimedia Commons. p. 18 - Arvore: Cortesia Gustavo Giacon. Flor branca: Katiadp/Wikimedia Commons. Flor amarela: Dana John Hill/Wikimedia Commons. p. 19 - Arvore: Silvestresbrasileiros/Wikimedia Commons. Fruta: mauroguanandi/Wikimedia Commons. Flor: mayu/Wikimedia Commons. p. 20 - Arvore: Reprodução/Altamiro Borges. Flor: Fernando Tatagiba/Wikimedia Commons. Fruto: Evaldo Resende/Wikimedia Commons. p. 21 - Planta: Paulomedford/Wikimedia Commons. Flor: Siam 07/Wikimedia Commons. Fruto: Josenildo Bezerra da Silva/Wikimedia Commons. Plano de fundo: Acervo das autoras. p. 22 - Arvore: Salicyna/Wikimedia Commons. Flor: Joanbanjo/Wikimedia Commons. Fruto: Pixabay. p. 23 - Acervo pessoal das autoras. p. 24 - Arvore: José Carlos Garcia/Wikimedia Commons. Flor: Peakhora/Wikimedia Commons. Tronco: Andreas Praefcke/Wikimedia Commons. p. 25 - Arvore: Mauro Halpern/Flickr. Folha: David J. Stang/Wikimedia Commons. Flor: Mauro Halpern/Flickr. Plano de fundo: Acervo das autoras. p. 26 - Arvores: Daderot/Wikimedia Commons. Flor: Golf Bravo1/Flickr. Fruto: Tim Reckmann/Wikimedia Commons. p. 27 - Arvore: Ariel Rodríguez-Vargas/Wikimedia Commons. Flor: Marco Schmidt/Wikimedia Commons. Fruto: H. Zell/Wikimedia Commons. Plano de fundo: Acervo das autoras. p. 28 - Arvore: Matt Lavin/Flickr. Flor: CostaPPPR/Wikimedia Commons. Seiva: Harry Rose/Wikimedia Commons. Arvore: Aciondioliveira/Wikimedia Commons. Flor: guilherme joffili/Wikimedia Commons. Fruto: Rodrigo Argenton/Wikimedia Commons. p. 30 - Planta: Renjusplace / Wikimedia Commons. Folha: Dinesh Valke/Flickr. Flor: Aqiao HQ/Flickr. p. 31 - Planta: Daderot/Wikimedia Commons. Folha: Krzysztof Ziarnek/Wikimedia Commons. Broto: Evaldo Resende/Wikimedia Commons. p. 32 - Arvore: Vilensija/Wikimedia Commons. Folha: Stan Shebs/Wikimedia Commons. Fruto: Isidre blanc/Wikimedia Commons. Plano de fundo: Acervo das autoras. p. 33-54 - Plano de fundo: Efe_Madrid/Freepik. p. 33 - Acervo das autoras. p. 34 - Fernando Tatagiba/Wikimedia Commons. p. 35 - Arvore: Wagner Santos de Almeida/Shutterstock. Folhas: Nevinho/Wikimedia Commons. Flor: Fernando Tatagiba/Wikimedia Commons. Fruto: Evaldo Resende/Wikimedia Commons. p. 36 - Lobo-guará de pé: Spencer Wright/Flickr. Deitado: Fabiana Berssanetti/Flickr. Cara: Bernard Dupont/Wikimedia Commons. Plano de fundo: Acervo das autoras. p. 37- Acervo das autoras. p. 38 - Berinjela: stockking/Freepik. Tomate: jannoon028/Freepik. Maçã: mdjaff/Freepik. p. 39 - Cortesia Gustavo Giacon. p. 42 - Angeladepaula/Wikimedia Commons. p. 43 - Pinturas rupestres: Arthur Mota Miquelete/Jornal Última Notícia. Pedra: Acervo das autoras. p. 44 - Jhon Bermond/Arte da Terra. p. 45 - Açafrão: Simon A. Eugster/Wikimedia Commons. Urucum: Leonardo Ré-Jorge/Wikimedia Commons. p. 47 - Mapa do Brasil: Reprodução. p. 47 - Lobo-guará: Bernard Dupont/Wikimedia Commons. Lobeira: Reprodução/Altamiro Borges. p. 48 - Terra: Reprodução/NASA. Lobo-guará: Spencer Wright/Flickr. Lobeira: Reprodução/Altamiro Borges. p. 49 - Foto e desenho: Acervo das autoras. p. 50-52 - Monique Deheinzelin. p. 53 - Ilustração: Monique Deheinzelin. Foto: Dave Lowe/Unsplash. p. 55 - Alface: Jef Wright/Unsplash. Cenoura: K8/Unsplash. Feijão: Volodymyr Hryshchenko/Unsplash. Salsinha: Tomasz Olszewski/Unsplash. Tomate: Davor Denkovski/Unsplash.

UNIDADE 2: p. 56, 57 - Praia: Jessica Pamp/Unsplash. Desenhos: Acervo das autoras. p. 58-62 - Acervo das autoras. p. 64 - 123RF/Easypix Brasil. p. 66 - João e o pé de feijão: Divulgação/Colnect. João e Maria: Pixtal/Easypix Brasil. O Pequeno Polegar: 123RF/Easypix Brasil. p. 68 - Branca de Neve: Age Fotostock/Easypix Brasil. Bela Adormecida: Easyfotostock/Easypix Brasil. Cinderela: 123RF/Easypix Brasil. p. 70-79 - Plano de fundo: Acervo das autoras. p. 74, 77, 80 - Acervo das autoras. p. 82 - Artemidovna/Shutterstock. p. 83-91 - Acervo das autoras.

UNIDADE 3: p. 92, 93 - Imagem de fundo: Titikul_B/Shutterstock. Desenho: Acervo das autoras. p. 94 - Super-heroína: wavebreakmedia/Shutterstock. p. 94 - Trator: Markus Spiske/Unsplash. p. 95. Menina e dinossauros: Freepik. Executiva: Michelle D. Milliman/Shutterstock. p. 96 - Médica: pressfoto/Freepik. Comidinha: Acervo das autoras. p. 98 - Reprodução. p. 100 - State Library of New South Wales/Flickr. State Library of Queensland. p. 101 - Photos of the past / Flickr. Lewis Wickes Hine/Library of Congress. p. 103 - wavebreakmedia/Shutterstock. p. 104-107 - Acervo das autoras. p. 108 - Mirella Spinelli. p. 110, 111 - Acervo das autoras. p. 112 - Mirella Spinelli. p. 114, 115 - Acervo das autoras. p. 116 - Natalial/Shutterstock. p. 117 - Aras Hatam/Shutterstock. p. 118 - Caixas: Macrovector/Freepik. Menina na caixa: cottonbro/Pexels. p. 119 - Acervo das autoras. p. 120 -123 – Reprodução. p. 124-129 - Acervo das autoras. p. 130, 131 - OGPTB. p. 132 - Acervo das autoras. p. 133 Ilustração passarinho: Acervo das autoras. Tampinha: Reprodução/Ministério da Educação de Buenos Aires. p. 134 - Acervo das autoras. p. 135 - Legenda: Reprodução Circuito:

UNIDADE 4: p. 136, 137 - Reprodução/NASA. p. 138 - Gira-gira: Charles Knowles/Flickr. Terra: Pixabay. p. 140 - Sol e Terra: egal/Istock. Terra: Reprodução/NASA. Terra, Sol e Lua: titoOnz/Istock. p. 142, 143, 145 - Reprodução/NASA. p. 148 - Freepik. p. 149: Reprodução/NASA. p. 150 - Ilustração: Acervo das autoras. Dorodango: Blissed101/Wikimedia Commons. p. 152 - Bolas: Freepik. Madeira: Pixabay. Esteira: Acervo das autoras. p. 153 - Grama: Acervo das autoras. Areia: p. 153 - Alex Cao/Unsplash. p. 154 - Acervo das autoras. p. 155 – Estrela, Sol, Planeta, Lua: Reprodução/NASA. Satélite: Pixabay.

ANEXOS: p. 156 - Acervo das autoras. p. 157-171 - Monique Deheinzelin, nanquim e lápis de cor sobre papel Schoeller, 1983. Publicado originalmente no suplemento *Folhinha de São Paulo*/Acervo das autoras. p. 173-175 - Mirella Spinelli. p. 177 - Freepik. p. 179-189 - Reprodução/Acervo das autoras.